爱的使徒

——罗曼·罗兰

【奥】斯蒂芬·茨威格（Stefan Zweig） **著**

蒲 琳 编译

主　　任：徐　潜

副主任：王宝平　李怀科　张　毅

编　　委：袁一鸣　郭敬梅　魏鸿鸣

　　　　　林　立　侯景华　于永玉

　　　　　崔红亮

中华工商联合出版社

图书在版编目（CIP）数据

爱的使徒：罗曼·罗兰／（奥）茨威格著；蒲琳编
译. --北京：中华工商联合出版社，2014.12
　　ISBN 978-7-5158-1185-7

　　Ⅰ. ①爱… Ⅱ. ①茨… ②蒲… Ⅲ. ①罗曼·罗兰（
1866～1944）－传记 Ⅳ. ①K835.655.6

　　中国版本图书馆 CIP 数据核字（2014）第 288311 号

爱的使徒
──罗曼·罗兰

作　　者：	【奥】斯蒂芬·茨威格（Stefan Zweig）	
译　　者：	蒲　琳	
出 品 人：	徐　潜	
策划编辑：	魏鸿鸣	
责任编辑：	林　立	
封面设计：	周　源	
责任审读：	李　征	
责任印制：	迈致红	
出版发行：	中华工商联合出版社有限责任公司	
印　　刷：	天津旭丰源印刷有限公司	
版　　次：	2014 年 12 月第 1 版	
印　　次：	2023 年 4 月第 4 次印刷	
开　　本：	710mm×1020mm　1/16	
字　　数：	170 千字	
印　　张：	14.25	
书　　号：	ISBN 978-7-5158-1185-7	
定　　价：	49.80元	

服务热线：010－58301130　　　　　工商联版图书
销售热线：010－58302813　　　　　版权所有　侵权必究
地址邮编：北京市西城区西环广场 A 座
　　　　　19－20 层，100044
http://www.chgslcbs.cn　　　　　　凡本社图书出现印装质量
E-mail：cicap1202@sina.com（营销中心）　问题，请与印务部联系。
E-mail：gslzbs@sina.com（总编室）　　联系电话：010－58302915

序

　　为了给《传世励志经典》写几句话，我翻阅了手边几种常见的古今中外圣贤大师关于人生的书，大致统计了一下，励志类的比例，确为首屈一指。其实古往今来，所有的成功者，他们的人生和他们所激赏的人生，不外是：有志者，事竟成。

　　励志是动宾结构的词，励是磨砺，志是志向，放在一起就是磨砺志向。所以说，励志不是简单的立志，是要像把刀放在石头上磨才能锋利一样，这个磨砺，也不是轻而易举地摩擦一下，而是要下力气的，对刀来说，不仅要把自身的锈磨掉，还要把多余的部分都要毫不留情地磨掉，这简直是一场磨难。所有绚丽的人生都是用艰难磨砺成的，砥砺生命放光华。可见，励志至少有三层意思：

　　一是立志。国人都崇拜的一本书叫《易经》，那里面有一句话说：天行健，君子以自强不息。这是一种天人合一的理念，它揭示了自然界和人类发展演化的基本规律，所以一切圣贤伟人无不遵循此道。当然，这里还有一个立什么样的志的问题，孔子说：士不可以不弘毅，任重而道远。古往今来，凡志士仁人立的都是天下家国之志。李白说：大丈夫必有四方之志，白居易有诗曰：丈夫贵兼济，岂独善一身，讲的都是这个道理。

二是励志。有了志向不一定就能成事，《礼记》里说：玉不琢，不成器。因为从理想到现实还有很大的距离。志向须在现实的困境中反复历练，不断考验才能变得坚韧弘毅，才能一步一个脚印地逐步实现。所以拿破仑说：真正之才智乃刚毅之志向。孟子则把天将降大任于斯人描述得如此艰难困苦。我们看看历代圣贤，从三大宗的创始人耶稣、默哈穆德、释迦牟尼到孔夫子、司马迁、孙中山，直至各行各业的精英，哪一个不是历经磨难终成大业，哪一个不是砥砺生命放射出人生的光芒。

三是守志。无论立志还是励志都不是一朝一夕、一蹴而就的，它贯穿了人的一生，无论生命之火是绚丽还是暗淡，都将到它熄灭的最后一刻。所以真正的有志者，一方面存矢志不渝之德，另一方面有不为穷变节、不为贱易志之气。像孟子说的那样：富贵不能淫、贫贱不能移、威武不能屈。明代有位首辅大臣叫刘吉，他说过：有志者立长志，无志者常立志，这话是很有道理的。

话说回来，励志并非粘贴在生命上的标签，而是融汇于人生中一点一滴的气蕴，最后成长为人的格调和气质，成就人生的梦想。不管你做哪一行，有志不论年少，无志空活百年。

这套《传世励志经典》共收辑了100部图书，包括传记、文集、选辑。为励志者满足心灵的渴望，有的像心灵鸡汤，营养而鲜美；有的就是萝卜白菜或粗茶淡饭，却是生命之必需。无论直接或间接，先贤们的追求和感悟，一定会给我们带来生命的惊喜。

徐 潜

2014 年 5 月 16 日

前　言

　　罗曼·罗兰（1866～1944 年），法国现代著名文学家、传记作家、音乐评论家、社会活动家。1915 年诺贝尔文学奖得主。

　　罗曼·罗兰于 1866 年 1 月 29 日出生在法国勃艮第地区的克拉姆西小城。童年时代，罗曼·罗兰在贝多芬与莎士比亚这些有强大影响力的人物的滋养下成长起来。少年时代，其父为了使儿子接受更好的教育，而迁居巴黎，并将之送进了位于巴黎市中心的一所古老而著名的学校——路易大帝中学。在这里，他为自己找到了第三位导师——斯宾诺莎。是这位大师解放了他的信仰，永远照耀着他的灵魂。后经过努力，他考取了巴黎高等师范学院。在高师学习的那段岁月，罗兰成了列夫·托尔斯泰狂热的追随者。托尔斯泰的英雄主义气概和勇于剖析自己、牺牲自己的精神赢得了他的尊重，而这位导师充满人性的行为和他热情的助人精神也深深震撼着这位年轻人。高师毕业后，罗兰幸运地被选去罗马继续深造，在那里他又结识了高贵的德国作家兼翻译家玛尔维达·封·梅森堡，这使他发现了生机盎然的德意志与许多千古流芳的英雄人物。这期间，诗歌、音乐与科学这个三和弦，在不觉中与另一个三和弦——法兰西、德意志，还有意大利，融为一体，欧洲精神已然成了他不可分割的一部分。两年后，罗兰回到了祖国，先在高师任音乐史教师，而后，于 1903 年在索邦学院授课，期间，罗兰利用闲暇时间写了一些学术著作，并发表了一些有关现代音乐家评传类的文章。在初为人师的几年里，他的人生阅历大为增长。这位孤独者，开始同学术界以及上流社会打起交道来。他还不时去德国、瑞士、奥地利及他喜爱的意大利旅行，这便为他通过比较而获得新知识提供了好机会，并使其在自己历史知识的基础上，不断扩大现代文化视野。

这位艺术家渴望有所作为，他对一切伟大的运动都投入了全部的热情，但其内心世界却一直保持独立自由。他意志坚定，虽然总是竭力帮助他人实现愿望，但却并不听从别人的摆布。由于人性的弱点，他与别人的合作总是令他感到失望，人民剧院由于竞争而失败，他为人民大众创作的戏剧无果而终，他的婚姻也破裂了。但他从未失去对理性的坚持。在失望中，罗兰在脑海中勾勒出了一系列伟大的人物形象，这些人物使他化悲痛为力量，从艺术中获得生活勇气。于是，他离开剧院，放弃教职，从这个世界隐退。在十年的孤独生活中，他创作出了一部从道德意义上讲比现实更真实的作品，这便是《约翰·克利斯朵夫》，它将罗兰那一代人的信仰变成了行动。

这位在寂寞与孤独中将全身心都投入到创作当中的艺术家年近 50 岁之际，赞扬之声突然如潮水般向他涌来。1912 年，他还是一个无足轻重的小人物，1914 年，却已成为誉满世界的名人。在人们的惊呼声中，他成了整整一代人的领袖。从 1914 年起，罗曼·罗兰就只为他的理想而存在和斗争。他不再是一位作家、诗人、艺术家和一个孤独的存在者，他是灾难深重的欧洲的声音。他是"欧洲的良心"。

　　如果说《约翰·克利斯朵夫》是一部气势磅礴的史诗，那么罗曼·罗兰就是这部史诗的缔造者。相信读者可以透过本书，去感受罗曼·罗兰这位大器晚成者约翰·克利斯朵夫式的激情，感受其对事业的热爱和对社会的责任。

2014 年 10 月 10 日

蒲　琳

目 录

生　平

生命就是艺术

有这样一个人，50 岁以前的他无声无息，不为人知，但到后来却成为整个欧洲议论的焦点。此后也再没有一个人像他一样引起如此多的争论。这个人便是罗曼·罗兰，一位在寂寞与孤独中全身心投入到创作当中的艺术家。在我们这个时代，有哪位艺术家能像他一样不求回报地工作？然而，第一次世界大战扰乱了他的生活。

伟人的命运注定是与众不同的，他们的一生充满了悲剧色彩。在他们脚下荆棘满布、困难重重，身心经受着沉重的打击。但是这却将他们锻炼得更加坚强而继续前行。人的命运总是如此，因为艰辛的历程总会得到补偿。世界文学巨匠瓦格纳、尼采、陀思妥耶夫斯基、托尔斯泰、斯特林堡，无一不是经历了命运如此戏剧性的安排。

罗曼·罗兰也未能幸免于这种命运。他所遭受的挫折与其他伟人相比有过之而无不及。因为直到他的后半生，其思想才得到人们的认可。正是由于备受痛苦的煎熬，在漫长而艰辛的创作中才凸显出其思想的伟大，这一思想在经历了反复的熔炼之后得以形成了他深厚的根基。所以当世界风雨飘摇、动荡不安之时，罗曼·罗兰这一丰碑却能在众人所瞩目的一座座丰碑倒塌之际傲然独立，成为指引人们心灵方向的灯塔、喧嚣时代的慰藉。

童　年

1866 年 1 月 29 日，罗曼·罗兰出生在勃艮第地区的克拉姆西小城。同年，斯特林堡战役爆发。这座小城也是《我的叔叔本雅明》的作者克洛德·蒂利叶的故乡。小城的生活宁静、安逸。罗兰的父亲是一位受人敬重的公证人，母亲由于丧女之痛一直郁郁寡欢，所以一心一意待在家里照顾羸弱的儿子和小女儿。他们的生活像大多数市民家庭一样平淡无奇。

罗兰的身体里流淌着的血液中交融着法国历史上两个相互对立派别的因子。父亲一方的祖辈拥护国民议会，是狂热的革命者，为了革命他们不惜牺牲自己；而母亲一方继承的却是詹孙教派以及波尔罗亚尔隐修院执着地追求真理的精神。罗兰同时坚信着这两种相互对立的信仰。他将法国历史上的这种热爱信仰与追求自由的矛盾，以及宗教与革命间的冲突都集于一身。

罗兰在其著作《约翰·克利斯朵夫》中的第六卷《安多纳德》中，这样描述自己的童年生活：小城中的生活是宁静的，但1870 年普法战争的失败使其蒙上了阴影。罗兰的童年就是在这战败的阴影下度过的。镇上一所古老的宅子里住着他们一家，有条运河不知疲倦地从房前缓慢地流过。

身处狭小的天地中，罗兰这个身体虚弱但内心充满热情的孩子，从遥远的过去和目力无法穷尽的远方获得了一种强大的、激奋着他的力量。这使他理解了那种超越一切的、人类童年时期就有的最原始的语言，那便是音乐。

在谙熟音乐的母亲的熏陶下，罗兰学会了弹奏钢琴。音乐为他构筑起了一个无边的、超越了一切民族界限的情感世界。好奇心促使这位小学生用心钻研法国的古典音乐作品，而德国的音乐却已经渗入了他幼小的心灵。

对此，罗兰这样说道："我们家收藏的乐谱中有一些陈旧的德国乐谱，真不清楚当时我是不是懂得'德国'这个词，因为在我的记忆中，我们这一带就没有见过一个德国人……当我坐在钢琴前尝试着弹奏出这些旧乐谱上的曲子时，那如涓涓细流般的音乐便静静地流入我的心田，就像是久旱饥渴的大地得到了甘露的滋润一般。莫扎特与贝多芬在音乐中表达出了我想要表达的一切：对爱的追求、心灵的痛苦、甜蜜的梦想以及对自由的渴望等。那种感觉便是，我与他们你中有我，我中有你，我们是一个整体，不可分割，他们赐予我的幸福是无以言表的。当小时候的我生病时，死亡是我感到最恐惧的事，但一支莫扎特旋律优美的乐曲，就如我心爱的姑娘在侧陪伴……后来，在我陷于怀疑与绝望的危机之时，是贝多芬的一首音乐（现在我依然清楚地记得）重新点燃了我心中生命的火焰……而当我疲惫不堪，心力交瘁时，我便会在钢琴前弹奏一曲，让自己沉浸其中，舒缓心灵。"

幼年的罗兰在人类共同的非文字的语言世界里漫游。他那灵动的心灵超越了城市、省份、民族，甚至时代的束缚。最初使他战胜邪恶力量的音乐一直与他相依相伴。几乎每一天他都会和贝多芬在音乐中倾心交谈。

　　而另外一位使童年时代的他倾心的人物便是莎士比亚。他对莎士比亚的热爱已经超越了国家与民族的界限。他在家里的藏书室和废旧的纸堆中翻出了莎士比亚的著作。那是他祖父在巴黎上大学时买的，因为当时正掀起了维克多·雨果与莎士比亚的热潮。但他们的作品被买来之后很快就被搁置一旁，任其落满灰尘。

　　这些著作中有一册雕版画集叫《莎士比亚笔下的女性画像》，里面是一张张娇美独特的面容，还有一些十分好听的名字，像潘迪塔、伊摩琴、米兰达等。这一切都勾起了这个孩子的好奇心。他一头钻进了这些剧本，如饥似渴地阅读起来。他时常会一连几个小时静静地待在一个安静的角落，偶尔会有楼下马厩里传来的马蹄声，或屋前运河里行驶的船只打破这片宁静。有时他会坐在一张宽大的安乐椅里，手捧着书，全然不觉周围的一切，包括他自己。

　　书本就像莎士比亚笔下的普洛斯佩罗一样，让宇宙间所有的生灵都听命于它。他经常会在自己面前围上一圈椅子，让上面坐着的看不见的听众成为他的精神之墙，将他与现实世界隔开。

　　一般来讲，伟大的人生通常来源于伟大的梦想，罗兰便是如此。贝多芬与莎士比亚这些有强大影响力的人物激发起了孩子最初的灵感。从小到大，他一直用充满敬佩的目光注视着这些伟人。因此，要想将这样的孩子限制在有限的圈子里是绝对不可能的。

　　孩子在当地的学校已学不到更多的东西，可父母又不放心儿子独自外出求学。不过最终，他们决定陪同儿子前往大城市巴黎，放弃小城中的一切：传统的生活方式、家乡的老屋、父亲收入不错的工作，以及令人羡慕的社会地位。在巴黎，父亲成了一家银行的小职员，为的只是能陪伴孩子左右，让他继续发展。全家人的期望都寄托在了罗兰身上。因此，只有成年人才能意识到的责任感很早就在这个小男孩身上生根发芽了。

中学时代

少年时代的罗兰还不够成熟，所以感觉不到巴黎这座大都市的魔力。在这个满是梦幻的孩子眼中，现实世界的喧嚣与冷酷使他感觉如此陌生，甚至对此充满了敌意。因此他莫名地感到大城市的一切都是虚假的、不真实的，心里由此产生出无法言表的戒备与恐惧感。父亲将他送进了位于巴黎市中心的一所古老而著名的学校——路易大帝中学。法国有许多杰出人物都曾就读于此。

在这里，罗兰被领进了法国古典教育的领域。但是他并没有成为学校所期望的法国古典主义剧作家高乃依的"模仿者"，那是因为他真正的感受早已超越了这种诗学的逻辑，他的灵感已先一步得到了音乐及优秀文学作品的滋养。不过在这里，他找到了第一个与他投缘的人。

说来也巧，他的这位朋友与他一样，在成名之前也度过了20年默默无闻的日子。他们两人同时进入这所学校的大门，20年后，又几乎同时成为法国最伟大的作家，声名远播整个欧洲。他的这位挚友名叫保罗·克洛代尔，是《圣母玛利亚灵报》的作者。

但近25年来，从他们的思想与精神方面来看，无论是他们所持有的观点还是其作品都有了很大的分歧。其中一位将目光转向了代表着天主教的神秘大教堂，而另一位则将目光转向了法国之外自由的欧洲。但在学生时代，两人经常形影不离，畅谈阅读的喜悦与童年的欢乐。他们相互鼓励，共同前行。那时，伟大天才理查·瓦格纳使无数法国青年为之倾倒，只有这样的伟人，而不是诗坛巨匠，才能够对罗兰产生巨大的影响。

令他感到苦闷的中学时代飞逝而去。当年，突然离开恬静浪漫的家乡来到巴黎，这一转变发生得太快，孩子无法立即接受这个过分讲求实际的喧闹的世界。环境的冷酷以及疯狂的生活节奏无一不在刺激着孩子脆弱的心灵。对罗兰而言，这是一个悲剧性的时期。因此，在他笔下的约翰·克利斯朵夫的青年时代就能看到他这一时期的影子。他渴望温暖、关怀、出人头地。在这段"暗无天日"的日子里，优美的艺术仍然是他的守护神。

在《安多纳德》一卷中，他有这样的描述：偶尔在星期日听几场票价便宜的音乐会，他便会感到幸福无比，那激荡人心的音乐往往使他的那颗赤子之心震颤不止。而他对莎士比亚的崇拜始终一如既往，在看了莎士比亚的戏剧之后，更是为之倾倒，他这样写道："莎士比亚让我痴迷，我像一朵小花追随着他那太阳般的光辉。那时，音乐也毫无保留地滋润着我的身心，要论这一时期伟人对我的影响，贝多芬与柏辽兹要更胜于瓦格纳。在那两年的时间里，我完全痴迷于这芳香的甘泉，就像久旱逢甘霖的大地一样。我沉醉于莎士比亚和音乐，也因此而付出了沉重的代价，两次都没考上巴黎高师。"

在学校某个孤寂的夜晚，他读到了一位大师的著作，这位大师便是他发现的第三位导师——斯宾罗莎。是这位大师解放了他的信仰，永远照耀着他的灵魂。不可否认，人类最伟大的代表总是罗兰的楷模和挚友。

从路易大帝中学毕业之后，罗兰站在了人生的岔路口，他不得不在义务与志趣中做出选择。罗兰渴望成为像瓦格纳那样的艺术家，既是音乐家又是诗人，还能创作宏大的音乐剧。

在他脑海中已经有了几部音乐剧的雏形，不过与瓦格纳不同的是，他喜欢在法国传奇故事中选取题材，后来他用恢宏华丽的词句写的《圣路易》就来源于同名的一部神秘剧。但是罗兰的父母并不赞成他的这一志向，认为现在立志为时尚早。他们建议他去巴黎综合工科学校接受一些技术方面的知识，学些实际的技能。

万幸的是，他决定去巴黎高等师范学校研究人文科学。这样，他终于在义务与志趣间找到了平衡。1886 年，罗兰以优异的成绩被高师录取。这所学校以其独特的精神和历史上形成的独特的治学方式，给罗兰的思想和命运打上了具有决定意义的烙印。

高师生活

罗兰的童年时光是在勃艮第的原野以及开阔的草场间度过的，他的中学时代是在喧嚣的巴黎街道上度过的，而他的大学时代却是在大学围墙里的高师学生宿舍中度过的，这里犹如一个狭小的真空地带，更紧地束缚着他。在这里，为了使学生专心学习，避免分心，学校将学生与外界隔离；为了让他们更好地接受历史知识，学校使他们远离现实生活。

正如勒南在其著作《童年和青年时代的回忆》中描写的神学院培养着年轻的神学家一样，也正如法国军事学校、圣·西尔学校培养着未来的军官一样，高师培养着今后几代人的未来教师。在高师，学生们在传统的思想以及富有成效的教育方法的培育之下成绩优异，学校规定成绩最优异者须留校任教。

这所学校要求严格，学生们必须勤奋努力，遵守纪律。由于它致力于全面教育，因而也会让学生在遵守纪律的同时享有有限的自由。这就避免了德国过分讲求专业化教育的巨大危险。所以，像勒南、饶勒斯、米什莱、莫诺以及罗兰这些法国知识最渊博的学者都出自于巴黎高师，这绝不是偶然的。

那些年，罗兰一直醉心于哲学，他专心研究苏格拉底之前的哲学家和斯宾诺莎。但到大二的那一年，他还是选择了历史和地理作为主要学科。

当时，哲学系要求学生承认正统的学院派思想，而文学系则要求学生效仿西塞罗风格，注重修辞并能言善辩。所以罗兰的这一选择对他所热衷的艺术有很大的好处，同时又具有决定性的意义。

因为历史与地理使他在思想上获得了较大的自由，这一选择对他未来的创作也有很深远的影响，他有生以来第一次学会了将世界史看作是各时代起起落落的永恒的活动。过去、现在和未来都意味着存在的永无止境。历史对他来说不再陌生，他从中学会了从纵、横两方面去观察事物。

另外，他付出的艰辛的青春岁月也得到了回报，他以历史学家的眼光研究历史上的各个时期，从文化的视角来剖析现实。在当代，没有哪位作家能像他一样具有如此扎实的知识基础以及治学方法。从某种意义上来说，他那无人可比的工作能力以及超人的勤奋都得益于那一时期的闭门苦读。

在这所学校里，罗兰的生活总是会带有一些戏剧性的色彩。这个年轻人又找到了一位朋友，一位同罗兰和克洛代尔一样，也是过了二十几年后才名噪一时的法国名人。罗兰求学时代的同窗好友中有三位后来成了法国理想主义的杰出代表，他们是保罗·克洛代尔、安德烈·苏亚雷斯和夏尔·贝玑。

　　与罗兰一样，他们的学校生活对其一生起着至关重要的作用，在经过长时间的默默等待之后几乎同时声名远播。这能说是巧合吗？在这所大学里，在他们满怀热望的交谈中，不时会有新的思想产生，当然，这些新的先进的思想不可能马上被同时代的人接受。

　　虽然这些朋友们最终都踏上了方向迥异的道路，但在当时，他们相互鼓励，彼此激发着青年人身上澎湃的热情，同时增进了对世界的进一步理解。他们都感受到了自己肩负的神圣使命，他们必须要用各自的创作呼吁民众重拾信心，即使失去名利，甚至不惜牺牲自己的生命。罗兰、苏亚雷斯、克洛代尔和贝玑这四位好朋友以自己的方式为他们的民族注入了已丧失的信仰，使之重新振作起来。

　　早在中学时代，是音乐将罗兰与克洛代尔联系在了一起。而在大学时代，又是音乐，尤其是对瓦格纳的喜爱，使罗兰和苏亚雷斯走到了一起。随后对莎士比亚的迷恋使他们关系更加密切。

　　罗兰曾写道："正是对莎士比亚的喜爱，成了我们友谊的基础。当年的苏亚雷斯像极了文艺复兴时期的人物，如今历经沧桑，却依然如旧。他具有文艺复兴时期的狂热与激情。是啊，他那一头长长的黑发，加上苍白的面孔以及炯炯发亮的眼睛，就像意大利画家卡尔帕乔笔下的意大利人。他在学校曾写过一首颂歌，赞美意大利的一位统治者切萨雷·博尔贾。当然我们也同是莎士比亚的追随者，经常会为了我们心中的这位上帝而齐心协力跟老师作对。"

　　但是不久，另一种热情替代了对这位英国伟人的迷恋，那就是对托尔斯泰的全身心的、疯狂的热爱。因为左拉和莫泊桑这些自然主义者对事物事无巨细的、琐碎的描写，福楼拜和阿纳托尔·法朗士的自娱性的作品以及一些消遣类的文学著作，这一切已经使这些年轻的理想主义者感到乏味和厌倦。

他们需要有一位充满英雄气概的伟人来激荡起他们澎湃的热血。而托尔斯泰正是一位勇于剖析自己、牺牲自己的探寻者。他赢得了这些年轻人的尊重，"是托尔斯泰消除了我们之间的分歧，我们每个人由于不同的原因而热爱着他，因为每个人都在他那里找到了自我。毫无疑问，他为我们所有人打开了一扇通向那无穷宇宙的大门，给了我们生命的启迪"。

早自童年时代起，一直使罗兰倾心的便是人类最有价值的东西、英雄人物，以及全人类的艺术家。

在高师学习的那段岁月，这位勤奋向上的年轻人读书无数、挥毫泼墨，一堆堆手稿纸上留下了他的笔迹。他的老师布吕内蒂埃，尤其是加布里埃尔·莫诺早就发现了他对于描述历史所具有的非凡才能，他们越来越清晰地看到了罗兰身上的这一闪光点。

当时，瑞士历史学家雅各布·伯尔克哈特创立了一个科学部门，即文化史，里面对各时代思想的描述更使罗兰醉心而沉迷于其中。在各个历史时期当中，那些宗教战争年代最能引起他的兴趣。通过仔细读文，他已将书本的创作动机了解得很透彻。那里巧妙地贯穿、融合着淳朴真诚的信仰与自我牺牲的英雄主义。对此，他撰写了一系列研究论文。

与此同时，一部巨作的框架浮现在了他的脑海里，这是一部围绕法国女王卡特琳娜·美第奇的宫廷展开叙述的文化史。这个执着于写作的人不仅从事于历史的研究，还从其他方面入手，步入科学领域，挑战极限问题。他的学习范围逐渐扩大，将对知识的渴求投入到各个领域：哲学、生物学、逻辑学、音乐、艺术史等。他从知识的长河中汲取营养，沐浴在智慧的阳光下，温故知新，含英咀华。

正如树木无法阻止自己根部的生长一样，虽然学习的压力在罗兰心里形成了几座大山，但仍无法压制住他心中升起的成为作家的欲望之火。他极力在繁忙的生活中挤出时间来完成一些诗篇与乐曲，但却将它们锁起来，尘封在自己塞满各种学科知识的心里，提供闲余的快乐。这位年少气盛的人怀着体验生活、感触世界的愿望，于1888年离开巴黎高师。

在此之前他写过一篇令人惊讶的、不同寻常的稿件。这是一份道德哲学信条，即"信仰真理"。虽然迄今为止，世人未见其稿，但通过罗兰一位朋友的见解可见，这份稿件像其灵魂的镜子，映出了他自由世界观的倾向。他以斯宾诺莎的精神为依据，围绕基点"我思故它在"，而不是"我思故我在"，勾画出世界的轮廓和在此之上的上帝，以此来避免任何形而上学的玄想。

罗兰将这封稿件——灵魂的自白，当做一份庄严的、需要保护的宝贵誓言密封起来，投入斗争。为了不背叛且永远忠于这珍贵的信条，唯一的办法就是忠心于自己。地基已打好，坚实且不可动摇，建起高楼大厦，指日可待——现在终于可以开工了！

除了学生时代的创作之外，经常会有一个模糊不清的想法出现在罗兰的脑海里，那便是梦想写一部长篇小说，一部有关深受生活磨难的、一位真正艺术家的传记故事。这就是后来的《约翰·克利斯朵夫》最早的萌芽。但是若要使所塑造的形象色彩鲜明、栩栩如生，罗兰还需要经受无数次命运的打击、失败、挫折和考验。

远方来信

高师毕业后，他又一次站在了人生的十字路口上。虽然所学到的知识使他感到充实与振奋，但还不是这位年轻艺术家内心的梦想。现在他更加痴迷于文学创作与音乐。

罗兰向往着能跻身于那些运用文字和旋律来表达自己情感的杰出人物之中，成为一个创造者和灵魂的慰藉者。但是现实生活往往会夺去人们的自由与志趣，要求他们循规蹈矩，取而代之以纪律与职业。所以这个 22 岁的青年再次面临着人生道路的选择这一难题。

这时，有消息说列夫·托尔斯泰出版了一本无情地诅咒艺术的小册子《我们究竟应该怎么办？》。这位作家被整整一代人尊崇为领袖并视为真理的象征。在他轻蔑的言辞中，罗兰所珍视的一切被轻而易举地粉碎了。他把罗兰心中的音乐之神贝多芬称作情感的骗子，说莎士比亚只是一个祸害人的不入流的诗人。

这位俄国作家将现代艺术像垃圾一样清扫了出去，将人们心中最神圣的东西打入了地狱。对于这本震惊了欧洲的小册子，老一辈人可能只是一笑了之，但在那些将托尔斯泰奉为这个虚伪的令人沮丧的时代唯一领袖的年轻人心中，却燃起了熊熊的心灵之火。这就要求年轻人在贝多芬与他们心中另一位圣人之间做出痛苦的抉择。

对此，罗兰这样写道："这个人成为我思想迷乱时期完美的引路人，那是因为他的善良、心胸开阔以及绝对的真诚。但是，从小我就一直热爱艺术。尤其是音乐，它就像面包一样，是我的精神食粮，是我生活中必不可少的一部分。"

　　而正是他这位敬爱的导师，这位最具人性的人，无情地诅咒这种音乐，称它为"放荡的享受"和"情感的诱惑者"。怎么办？年轻人的心中毫无头绪、心乱如麻。是应该转向那位来自雅斯纳雅·波里亚纳的圣贤托尔斯泰，不再追求艺术？还是应该忠于自己的内心，将整个生命化作诗歌和音乐？他应该追随哪一个呢？是他敬慕的艺术家和艺术本身，还是他所热爱的人及其思想？

　　于是，这位内心矛盾重重的年轻大学生决定做一件疯狂的事。一天，他待在小阁楼里给远在俄罗斯的托尔斯泰写了一封信。在信中，他向托尔斯泰叙述了自己的苦恼及困惑。他写这封信原本只是为了平复自己内心的焦虑，并没有期望会得到回音。

　　可几个星期之后，就在罗兰几乎忘记这件事的一个傍晚，他在自己房间的桌上发现了一封信，或者应该说是一个小包裹。这是托尔斯泰给他的回信，信是用法语写的，共 38 页。这封写于 1887 年 10 月 14 日的信，开头以"亲爱的兄弟"来称呼这位素未谋面的人。

　　信中，这位伟人首先表达了求助者的吁求对他深深的震动。"来信收到，它使我激动不已，阅读时，不时停顿拭泪。"然后，他试图努力阐明自己对艺术的见解：只有那种将人们团结起来的艺术才有价值，也只有那些能够为自己的信仰做出牺牲的艺术家才能称为艺术家。所以对人性的热爱，而不是对艺术的热爱，才是一切真正使命的前提。因此只有热爱人性的人，才有希望创造出有价值的东西。托尔斯泰的这封信后来刊登在了贝玑创办的《半月丛刊》第三期第四卷。

　　这封信对罗兰后来的生活起了决定性的作用。然而，使这位年轻人感到震撼的，不是托尔斯泰在其作品中曾多次阐述的学说，而是这位导师充满人性的行为和他热情的助人精神；不是他的那些言论，而是他富有同情心的行动。这位当代大名鼎鼎的人物竟然愿意在百忙中抽出时间给一个远在巴黎的无名大学生回信，为他排忧解难，这一切都给了罗兰深切而独特的感受。

罗兰没有忘记自己遭遇困难时他人给予的帮助与安慰，他学会了将人所具有的同情心看作是一种神圣的东西，他认为艺术家应该把给予他人有益的帮助看作是自己的首要义务。托尔斯泰的这封信使他成了一个乐于助人、给他人以慰藉的人。这便是他全部创作以及道德的基础。此后，无论工作多么繁忙，他始终没有忘记曾经接受到的安慰，因此从来都不曾拒绝帮助那些在精神的痛苦中挣扎的人。

后来，罗兰写过不计其数的安慰他人的信件，这都是因为托尔斯泰的那封回信，他将这位伟人的人性之爱传递了下去，继续影响着整个时代。

从此，做一名作家成了他的神圣使命，而为了这位导师的缘故，他圆满地完成了这一使命。历史上几乎还从未有过这样的事例，它表明精神世界与物质世界一样，每一粒原子都不会无故消亡。托尔斯泰花费在这位陌生人身上的时间，在罗兰写给千万个陌生人的信件中得到了重生。

现在，全世界都在享受着这一颗仁慈的种子所带来的益处。

罗　马

法兰西祖国、德国音乐、托尔斯泰的训诫、莎士比亚热情的呼唤、对艺术的向往、对市民生活的追求，这一切来自远方的声音，都在召唤着这个踌躇的年轻人，召唤着他那颗犹豫的心。在他急于做出决定时，机遇——这一艺术家们最忠诚的朋友，出现了。

巴黎高师每年都会为优等生创造去国外学习两年的机会，同时提供相应的奖学金。研究考古的学生去希腊，学习历史的学生去罗马，在那里完成他们的部分学业。而罗兰并没有去争取如此好的机会，他渴望去接触现实生活。但幸运往往降临在无意于它们的人身上。有两名同学放弃了前往罗马学习的机会，名额空缺了下来。所以罗兰被选去了罗马，这几乎违背了他的意愿。

罗马在缺乏经验、造诣尚浅的罗兰眼中，是一本没有生气的史书，是书写在荒寂的废墟中的过去。而他必须让它们从成堆的信件与羊皮纸里脱开封尘，去书写历史。这是学校布置的一项毫无生气、死板枯燥的功课，而并非那令人热血沸腾、兴趣盎然的真实生活。当他踏上这永恒的朝圣者之路时，心中没有一丝期待与向往。

到罗马后，他的任务是在昏暗的法尔内塞宫整理文件，从目录的指引和书籍提供的资料中梳理历史。对于这个职责，他并没有投入多大的努力。不过他曾在梵蒂冈的档案馆写下了一份关于教皇使节沙尔维亚谛以及罗马遭到劫掠的文章。

到罗马后不久，他便感受到了坎佩尼亚纯净璀璨的阳光将万物融于自然界中的和谐，体会到了生活的轻妙与明净，这一切都使他心荡神驰。他第一次觉得自己是个真正的不受任何约束的自由人，第一次陶醉在真实的青年人的生活中。他时而激情四溢、浮想联翩，时而将漫无目的的幻想化作真正的创作。这座优雅秀丽的城市使他像其他人一样无法抗拒对艺术的热爱，他为文艺复兴时期的石雕所倾倒。

世界上没有哪一个地方像意大利一样，使人们更加强烈地感受到人类的本质及英雄主义的目标。这里的艺术使这位徘徊在人生十字路口的人痴迷。

几个月来，罗兰几乎忘记了他的论文写作，这位快乐自由的青年游弋在一座座秀美的小城之间，西西里岛也留下了他的足迹。在这样一个美丽的、阳光明媚的国度，忘情的罗兰甚至将托尔斯泰及其学说也抛到了脑后。

这时，他儿时的老朋友和最早的启蒙者莎士比亚突然又闯进了脑海。意大利悲剧演员艾尔涅斯托·罗西的一系列表演，使罗兰感受到了那疯狂激情的动人之处，也激发起了他内心的一种欲望，那就是要像莎士比亚一样将历史创造成壮丽的不朽诗篇。意大利那些石雕见证了曾经的伟大时代，他想要使他们复苏过来。他的诗情猛地从身体里苏醒了过来。当他获得意外的灵感时，早已将自己的本职工作置于脑后，在激情的引导下创作出了一系列的剧本。

罗兰迷醉的心中有着这样一个念头：莎士比亚的宫廷剧描绘了英格兰，那他就要使整个文艺复兴时代在自己笔下复活。他如痴如醉、忘我地投入到一部部剧本的创作当中，却丝毫没有考虑过这些浪漫主义作品将来的命运。它们从未被搬上过舞台，而今天的读者也见不到这些作品了，因为它们已经遭到了这位成熟艺术家的否定，他所留恋的只是这些泛黄的手稿中蕴藏的虔诚而美好的青春岁月。

值得一提的是，在罗马生活的那段时间，他与一个人的相遇与友谊是他感受极深、难以忘怀的一段经历。罗兰的一生充满了神秘色彩，在他青年时代的各个时期总会遇到那个时代最杰出的人物。这个喜欢埋头于书堆的避世者，从来不会主动去接近谁。而生活却始终遵循着神秘的万有引力定律，将他吸引到英雄人物的圈子里去，让他接近最伟大的人物。

童年时代他接触到了莎士比亚、莫扎特、贝多芬。中学时代，他与苏亚雷斯、克洛代尔成为密友。大学时代，他鼓足勇气拜访了勒南这位大师，使其成了自己人生方向的指引者。斯宾诺莎是他宗教的解救者，远在俄罗斯的托尔斯泰待他如兄弟。

在罗马，经莫诺引见，罗兰又结识了高贵的德国作家兼翻译家玛尔维达·封·梅森堡。她的一生乃是一系列英雄往事的回忆。瓦格纳、尼采、马志尼、赫尔岑、柯舒特都是她的密友。她那自由的精神从来不受民族和语言的束缚，也从不惧怕任何的艺术革命与政治革命。她像是一块磁铁，许多伟大的人物被不可抗拒的力量吸引到了她的身边。

如今，这位年逾七旬的老人，目光恬静，温和而睿智，是一位从不对生活悲观失望的理想主义者。她渊博的学识与丰富的阅历使这位仰慕者受益匪浅。

罗兰感受到了她身心的愉悦，遍尝人间欢乐之后的超脱与沉静。而风景如画的意大利也与之有同样的意韵。正如从石雕、绘画与纪念碑中熟悉了文艺复兴时期的巨匠一样，他从与梅森堡的倾心交谈中了解到了当代艺术家们的悲惨生活。

在罗马，他尝试着以公正的态度去理解他所处的那个时代的天才。这位具有自由精神的女性使他懂得什么是认识与欢乐的巅峰，国家与语言在这永恒的艺术语言面前变得无关紧要。一天，他在霞尼古勒高地散步时，突然那个未来的欧洲人"约翰·克利斯朵夫"出现在他的脑海中。

这位23岁的法国青年与70多岁的德国夫人的友谊真令人感到惊讶。因为最后他们竟不知谁应该向谁表示最深的谢意。他感谢她，是因为她给了他真实地感受那些伟人的机会；她感谢他，是因为她从这个满怀激情的年轻人身上看到了未来的希望。老人久经考验，经过净化的理想主义与这位青年狂热的、充满幻想的理想主义完美地相融合。

　　每天，罗兰都要去军火库路拜访这位他所仰慕的朋友，并为其弹奏钢琴曲。梅森堡则将他领进了当时意大利的政治家马尔柯·明祁蒂的妻子劳拉·明祁蒂夫人的社交圈。在那里，他结识了罗马乃至欧洲真正的文化伟人。他躁动的灵魂被她谨慎地引向精神的自由。

　　罗兰在其晚年所写的《不朽的安提戈涅》一文中承认，有两位女性教会他深刻理解艺术与生活的内涵，那便是他的母亲——一位虔诚的基督教徒，与自由思想者玛尔维达·封·梅森堡。

　　早在罗兰成名前25年，梅森堡便在其著作《一个理想主义者的回忆录》中表示，这位年轻人将会前途无量。现在，当人们读到这位具有自由思想的老夫人用她颤抖的手写出的对罗兰的描述时，仍感动不已。

　　她写道："与这位青年的相识，使我感受到了音乐带来的极大享受。但是，老年人最大的快乐却是在年轻人身上发现与自己同样的对理想的强烈渴求，对更高目标的探索，对低级趣味的蔑视，对个性自由勇敢的追求……由于这位年轻人的出现，两年来我得以与之进行最高境界的精神交流……总之，这位极具音乐天赋的年轻人不仅带给我久违的享受音乐的惬意，而且，在精神领域，他卓越的领悟能力及追求其完美发展的勇气，激励着我不断获得新的思想，并对一切美好的事物和诗歌产生了浓烈的兴趣。我也逐渐发现这位青年在诗歌创作方面的天赋。令人惊奇的是，我的这一发现竟来源于他的一部剧作。"

　　对这部处女剧作，她预言道："这位年轻诗人的道德力量或许会引发法兰西艺术的再次复兴。"她在一首带有伤感情绪而又充满激情的诗作中，对这两年的感受表达了感激之情。正如雅斯纳亚·波里亚纳的大师托尔斯泰将他看作学生一样，这位崇尚自由的女性将他看作自己的兄弟。

在罗兰为世界所知的前 20 年，他的生活就已经与当代英雄的生活联系在一起。这位满怀伟大理想的年轻人清楚地知道，已死的过去与鲜活的现实带给了他学习的典范与劝勉。欧洲各国与各民族都在召唤着他，要他将来为他们代言。

离 别

两年的留学期一晃而过，这是罗兰在意大利自由汲取知识和快乐地进行创作的两年。罗兰远在巴黎的母校催他回去任教。即将到来的离别令人伤心难过。

玛尔维达·封·梅森堡这位善良的老人为他编写了临别前具有美好象征意义的一页。她邀请这位年轻人同她一起去德国东南部的一个城市拜罗伊特，这座城市与一位伟人有着密切的联系，这位伟人曾经与托尔斯泰一样也是为他青年时代指引方向的明亮之星。

如今，通过梅森堡深情的回忆，这位伟人在罗兰心中复活，栩栩如生地站在了他的面前。罗兰徒步穿过意大利的安布里亚，他们在威尼斯会合。在那里，他们参观了那位大师辞世的宫殿，然后北上，拜访了他曾经的住所并欣赏了他的遗作。

她满怀激情地说："以这种形式结束他在意大利度过的丰富多彩的生活，是希望使即将步入成年人行列的他，能够把这一崇高的印象看作是他今后工作与生活以及即将接受的挑战的前奏。"

接下来，梅森堡将罗兰带到了这位音乐大师的花园墓地，像在教堂里一样，罗兰脱帽致敬。他们长久地默默肃立，缅怀这位英雄主义的大师，他曾经是其中一人的好友，另一人的引路人。

晚上，他们一起聆听了其遗作《帕西法尔》。他们欣赏这部作品的那段时光与作品本身，同未来的约翰·克利斯朵夫间产生了莫名的潜在的联系，这成了罗兰未来生活的前奏。但是，罗兰随后的现实生活却可能会使他远离其伟大的梦想。

70 岁高龄的梅森堡老人这样记述了他们的离别："我和罗兰再次坐在热情的朋友们订的包厢里聆听了《帕西法尔》。随后，他便要起程回国，开始他实际的现实工作与生活。只是令我感到惋惜的是，这个年轻人将不能自由地发展自己的艺术才能。不过，我还是相信，他会在现实生活这一织机前，为自己织出蕴含着那种神性气息的衣裳。《帕西法尔》演出结束时，他已满含热泪，这使我更加确信了自己的想法。我满怀谢意地同他告别，感谢他陪我度过的这一段美好时光。同时，送上了我对他衷心的祝福，祝他好运常伴。"

然而，他们之间的美好友谊，并未因这次的离别而结束。在以后的岁月里，罗兰坚持每周给老人写一封信，直到她离开人世。在她逝世后，罗兰收回了曾寄给她的全部信件。这些信件中所反映的这个年轻人的经历，大概要比其他的任何描述更加真实和丰富。

罗兰在与老人的交往中，学到了许多。她使他从时间与空间出发，去广泛地了解现实生活。他去罗马留学，本来是为了了解往昔的艺术，却在那里遇见了她，从而发现了生机盎然的德意志与许多千古流芳的英雄人物。诗歌、音乐与科学这个三和弦，在不觉中与另一个三和弦——法兰西、德意志，还有意大利融为一体。欧洲精神已然是他不可分割的一部分，早在他写下《约翰·克利斯朵夫》这部巨著之前，就已存在于他的血液中。

教师生涯

在罗马的两年里，罗兰内心世界的发展，与外在的职业取向都已基本定形。南国明丽的风光使他身上相互矛盾的志趣趋于一致。去意大利前，罗兰正徘徊在人生的十字路口，对未来犹豫彷徨。他有音乐天赋，又热爱文学，但客观现实却要求他去做一名历史研究者。在罗马，音乐与文学逐渐在他身上融合在一起。在他最初的剧作中，人物的对白充满着强有力的抒情旋律，而激昂的对白中所展示出的又是厚重的历史感，以及往昔岁月那五彩缤纷的画面。

回国后，罗兰又完成了天赋与职业的结合。在他成功地通过了学位论文《现代抒情戏剧起源》的答辩后，先在高师任音乐史教师，而后，于1903年在索邦学院授课。他所教授的课程主要是阐释那些不朽的音乐之花如何能在经历了无数个世纪后仍然芬芳扑鼻，而每一个时代又是如何使那些创作中投入的情感成为永恒。

他发现了这一论题的有趣之处，那就是，各个民族在看似抽象的领域，表现出了自己的个性，但同时，他们也无意识地创建起了超时间、超民族的更崇高的共性。罗兰自己本身的理解力以及能使他人明白的能力，是他对别人产生影响的核心，他对自己事业的狂热使他的激情极富感染力。

与前辈们相比，罗兰对这一门课程的讲授要更加生动。无形的音乐告诉他，人类伟大的东西从不属于某一个时代或民族，它犹如一把神圣的火炬，超越时代与国家的界限，只要人们一息尚存，它便会在一代代大师手中不停地被传递，散发着永恒的光辉。他逐渐明白，艺术中没有矛盾与对立，而历史也应该是人类精神的集合。

罗兰的博学使他在有关历史的讲座中游刃有余。直到今天，许多人在谈起其在高师与索邦的讲学时，心中仍充满了感激之情。除了这一声望，罗兰在音乐领地也声名远播。他发现了意大利作曲家路易斯·罗西的手稿《奥菲欧》，并且首先对已被人淡忘了的意大利作曲家弗朗西斯科·普洛文卡尔给予了公正的评价。

罗兰精深广博的学识，将"歌剧起源"课程变成了一幅幅再现昔日文化的画卷。在讲课的过程中，他还别出心裁地让音乐自己说话。他会在钢琴旁弹奏出已在这座城市沉寂了三百多年的咏叹调，使其重获新生。而这一切都是他在早已尘封的手稿与羊皮纸堆中艰辛努力的结果。当时，罗兰就具有启发与影响别人的能力。而此后，他的这种感染力更是通过其创作获得了无限的发展。

当然，在这一过程中他始终坚持着自己明确的目的：用历史与当前的各种形式来展示人类伟大的形象，以及一切纯洁追求的共有特性。

当然，罗兰从来都不是一个眼光单一的研究者，音乐史只是他研究的一部分，因为任何孤立的研究方式都与他善于融会贯通的秉性相左。于他而言，过去是对现在的准备，探索历史就是为了更好地把握未来。

作为时代的先行者，他不仅创作了《过去时代的音乐家》、《亨德尔》、《吕利和斯卡拉蒂以前的欧洲歌剧史》等学术著作，还写了一些有关现代音乐家评传类的文章，并将这些文章刊登在《巴黎评论》和《戏剧艺术评论》上。

在这些文章中，他首次在法国为奥地利作曲家兼音乐评论家胡戈·沃尔夫勾画了一幅肖像，而对年轻的德国作曲家理查·施特劳斯与法国作曲家德彪西的描写也非常引人入胜。他时常关注四周，以便发现欧洲音乐创作的后起之秀。他曾专程去斯特拉斯堡音乐节欣赏奥地利作曲家古斯塔夫·马勒作品的演出，并去波恩参加贝多芬的纪念会。

他的内心充满着强烈的求知欲与正义感，他无时无刻不在关注着从卡塔卢亚到斯堪的纳维亚这无边的音乐之海中泛起的每一朵新的浪花。他不仅通晓过去的各个时代，而且与当代的精神也息息相通。

在初为人师的几年里，他的人生阅历大为增长。在巴黎读书时，他只能通过宿舍狭小的窗口来了解这座城市。而现在，它向他展示出了自己新的一面。大学教师这一职位与婚后的环境，使得这位原本只和几位密友以及远方的伟人有联系的孤独者，开始与学术界以及上流社会打起交道来。

著名的考古学家米歇尔·布雷亚尔是罗兰的岳父，在他家里，罗兰结识了索邦等著名人士。并在一些沙龙里，认识了巴黎的金融家、资产者、官员，以及其他阶层的人，当然也包括一些世界主义者。几年来，罗兰这位理想主义者在不觉中成了一位观察者。在此过程中，他的理想主义不仅没有减弱，反而具有了强大的批判力量。

他从这些交往中所获得的体验（或者更应该说是失望）中积累的庸俗的东西，后来成为其著作《约翰·克利斯朵夫》中描绘巴黎生活的素材。他不时会去德国、瑞士、奥地利及他喜爱的意大利旅行，这便为他通过比较而获得新知识提供了好机会，并使其在自己历史知识的基础上，不断扩大现代文化视野。

罗兰在游历完欧洲之后，不仅重新认识了法国和巴黎，而且，作为一位历史学家，他还进一步认识到了"现代"这个对活着的人来说至关重要的时代。

奋斗之旅

这位艺术家虽已过 30 年，但他精力旺盛，渴望着行动起来。他那热切的目光总能从征兆与现实，以及历史与现代的艺术形象中，体察到事物的伟大之处。现在，他急于去体验并描述它。

然而，他那伟大的向往，遇到的却是一个与伟大相去甚远的时代。当时，坚定的理想主义的先驱维克多·雨果，勤奋的笔耕者福楼拜、圣者勒南，这些法兰西的名人志士都已逝去。而邻国明亮的星辰，如理查·瓦格纳和弗里德里希·尼采，亦已从天空陨落。甚至左拉与莫泊桑的严肃文学也去迎合庸俗的现实，只反映腐败颓废的时代。政治变得谨小慎微，哲学变得既抽象又教条。数十年来，由于战争的失败，民族信心一直动摇不定。

罗兰想要有所作为，这个世界需要的却是碌碌无为；他想要奋斗一番，这个世界需要的却是安于现状；他想要结交有志之士，可整个世界却在纵情享乐。

这时，一场风暴席卷了整个国家。曾经如一潭死水的法兰西沸腾了起来。整个民族都为一个精神和道德问题情绪高涨。所有人行动了起来，而那些有识之士的反应最为强烈。罗兰像一员勇猛的健将，冲锋在前，投入汹涌的洪流。

一夜之间，整个法国被德雷福斯案件分为两个阵营。这两个阵营在有罪还是无罪这一问题上，相持了长达两年之久的时间。同时，这一分歧也无情地闯入了各个家庭，使父子、兄弟、友人，为坚持自己的观点而反目成仇。罗兰在《约翰·克利斯朵夫》，贝玑在其回忆录中都对此进行了详尽的描述。

今天，我们几乎很难理解，一名炮兵上校被怀疑为间谍的事件，居然会使整个国家陷入危机。但是，当时人们的狂热已超越了事件本身，上升到了道德高度：人们的良心受到了拷问，他们必须在祖国与正义之间做出抉择。在这种情况下，人们不可抗拒地将自己捍卫的道德力量投入到了斗争之中。

最初，认定德雷福斯无罪的人极少，罗兰便是其中之一。由于他们最初的努力无果，而进一步激发起了他们身上的良知。贝玑关注更多的是这一问题的神奇力量，希望通过解决这个问题，在道德方面净化自己的祖国，当时，他与贝尔纳·拉扎尔合作的宣传小册子引起了广泛的关注。而罗兰却在思考有关正义的更内在的问题。他以圣·鞠斯特为笔名出版了剧作《群狼》。

该剧上演时，左拉、舍列尔-柯斯特纳以及皮卡尔等几位在德雷福斯案中竭力主持正义的人，都来观看。观众们的反应热烈，于是正义这一问题成了人们探讨的永恒主题。随后，共济会成员、反教权派和社会主义者开始借用这一事件来达到他们自己的目的。于是，这一事件逐渐带有了越来越浓的政治色彩。

而对罗兰来讲，虽然他的主张已取得了一些实际成就，但他这时却开始逐渐退出这些纷争，因为他只注重精神领域的问题，注重那些难以解决的，以及令常人望而却步的问题。在这次运动中，在这一历史性的时刻，作为勇于冲锋在前的斗士中的一员，罗兰为自己获得了声誉。

罗兰与贝玑在这次的斗争中重逢老友苏亚雷斯，于是，他们一同步入了新的征途。这是一段极其艰辛的历程，正如背负着十字架的受难者，忍辱负重，孤独前行。这里没有大肆的声张，有的只是沉默与坚持。他们憎恶巴黎当时占统治地位的文学，认为它低级堕落、俗不可耐，出卖灵魂。但他们明白，要想公开反对这种文学是不可能的。

因为当时巴黎所有的期刊杂志都控制在这百足水怪手中，而要将这头光滑、黏腻的怪物击毙，简直无从下手。于是他们采取迂回策略，即不大张旗鼓地正面与之对抗，而是暗自与之进行较量，这当然需要他们默默无闻的奉献与牺牲精神和持之以恒的耐力与毅力。

他们创办的《半月丛刊》，从创建到停刊花去了15年时间。这一杂志没有花钱做过任何宣传广告，也没有在书摊上进行销售。它的读者群主要是大学生和一些文学家。当然，这个阅读群体也是逐渐形成的。

十多年来，罗兰将自己的作品，如《约翰·克利斯朵夫》、《贝多芬传》、《米开朗琪罗传》，以及一些剧本，都发表在这本杂志上，却从未收过任何稿酬。这在近代文学史几乎是绝无仅有的事，而他当时手头也并不宽裕。

十几年来，为完成他们的理想主义目标，树立起道德典范，这几位斗士放弃了文学家们追求的三位一体，即评论、出版和稿酬。他们坚持不写评论，不扩大发行，不收取任何稿酬。

遗憾的是，由于罗兰、贝玑和苏亚雷斯成名得太迟，《半月丛刊》不得已停办了。但是这座法兰西理想主义的丰碑，却在人们心中成为永恒的、真诚合作的象征。

接着，罗兰继续将自己的热情投入到新的行动之中。他又加入了一个联盟，希望能为舞台艺术创造出新的形象。一批有正义感的年轻人意识到法国戏剧庸俗堕落，将男女私通作为永恒的主题，从而来满足那些平日里无所事事的资产阶级的需求。

　　因此，他们想要努力将戏剧交还于人民大众，还给无产阶级这一新生的力量。于是罗兰立刻满腔热情地投入到新的工作当中，他写文章，发宣言，编著作。而更重要的是，他在自己内心思想的指引下，创作了宣扬法国大革命精神的一系列戏剧。饶勒斯曾发表演说，向法国工人介绍罗兰的剧作《丹东》，这使他的其他剧作也相继登上舞台。

　　然而，所有的报刊开始注意到了这一敌对情绪，于是它们竭尽全力去消除这股力量。结果，参与者们的热情逐渐消退，那批狂热的年轻人也丧失了信心，只剩下孤独的罗兰，在经历了挫折与失败后，依然坚守着自己的信念。

　　尽管罗兰对一切伟大的运动都投入了全部的热情，但他的内心世界却一直保持独立自由。他意志坚定，虽然总是竭力帮助他人实现愿望，但却并不听从别人的摆布。

　　由于人性的弱点，他与别人的合作总是令他感到失望。德雷福斯案最终变成了一个政治事件；人民剧院由于竞争而失败；他为人民大众创作的戏剧无果而终；他的婚姻也破裂了。但这一切并没有动摇他的理想主义信念。虽然理性没有对现实产生重大的影响，但他从未失去对理性的坚持。

　　在失望中，罗兰在脑海中勾勒出了一系列伟大的人物形象，这些人物化悲痛为力量，从艺术中获得生活勇气。于是，他离开剧院，放弃教职，从这个世界隐退。他想要用自己所塑造的形象证实，现实生活在纯洁的事业面前是多么黯然失色。

　　于他而言，一次次理想的幻灭丰富了他的人生阅历。在十年的孤独生活中，他创作出了一部从道德意义上讲比现实更真实的作品，这便是《约翰·克利斯朵夫》，它将罗兰那一代人的信仰变成了行动。

避世的十年

罗曼·罗兰曾一度作为一位颇有天赋的音乐家和前途无量的剧作家为巴黎公众所知。但不久，他的名字便随他一起无声无息地消失了。因为没有一个城市像法国巴黎那样健忘，而且忘得如此彻底与无情。再没有人提起过罗兰这个名字，甚至在文人圈子里也是如此。尽管他已发表了一系列剧作、几部名人传记，以及六卷《约翰·克利斯朵夫》，但在当时所有的杂志、文选和文学史中根本找不到对罗兰的任何记载。他们创办的《半月丛刊》，既是他作品的摇篮，也成了埋葬他著作的坟墓。

对巴黎这座城市来说，他原本就是一个外乡人，但是他对这一城市精神生活如此生动全面的描述却是无人能及的。他已年过40，却仍然无名无钱，正如夏尔·路易·菲利普、维尔哈伦、克洛代尔、苏亚雷斯这些世纪之交最有才华的人一样，虽已达到了创作的巅峰，却仍然默默无闻，不为人知。这似乎是他命中注定的生活，他将之称为法国理想主义的悲剧。

当然，正是这种孤独的、默默无闻的环境成就了他。因为强者在征服世界前总是孤独的。只有像罗兰这样离群索居、不计较成败得失的人才敢于开始这种看似毫无希望的创举，写一部十卷本的小说。并在民族主义到处泛滥之时，偏偏选一个德国人作为小说的主人公。

不过，正是在这样的遁世环境中，他渊博的学识才凝结成了一部完美的作品。也正是在这远离尘嚣、不受任何干扰的洁净环境中，他才能从容、完满地完成其作品。

罗兰悄无声息，孤独笔耕的十年间，已被法国文坛完全遗忘。他像是待在一个密实的蚕茧里，在慢慢长夜埋头苦干。最终，他破茧成蝶，创作出了一部充满力量，令人振奋的巨著。这十年，是他历经苦难与煎熬的十年，是收获了更多有关世界与人类知识的十年。而这一切却无人知晓。

画 像

在巴黎市中心，有一座六层的楼房，在楼房的顶层是两间紧挨楼顶的、像核桃壳般大小的房间，有一个盘旋的木楼梯通向那里。楼房紧挨蒙帕纳斯大道，大道上常年轰鸣着的隆隆声像远处传来的雷鸣。偶尔驶过一辆笨重的货车，桌上的玻璃杯便会被震得颤抖不已。从房间的窗户望出去，近处是几座低矮的房屋，远处是一座修道院的花园。每到春天，那儿会飘来淡淡的清香。顶楼再没有其他住客，只有看门的老妇人帮这位孤独者打发来访的客人。

房间里到处是书：紧贴着墙是一堆堆高高摞起的书，地板上放满了书，窗台上、椅子上、桌子上也是书。墙上挂着几张凹版印刷画，朋友们的照片，以及贝多芬的半身像。窗边是一张小木桌，上面摆着纸和笔，旁边是两把椅子和一个小火炉。在这狭小的空间里，既没有值钱的东西，也没有能够让人放松休闲以打发时光的设施。这只称得上是一间简陋的大学生宿舍，一个劳作的车间。

埋头于书堆中的他如修道士一般，经常穿着像牧师一样的深色衣服。

他瘦高的身材，看上去弱不禁风。由于缺乏户外运动，他脸色微黄，显得有些苍白。由于家常便饭似的熬夜，使他睡眠不足，两鬓边逐渐出现了细密的皱纹。他看上去如此柔和，以致没有哪张照片能完全表现出他端正的轮廓和严肃的线条。他的双手瘦弱，高高的额头上垂下柔软的银白色的头发，薄薄的嘴唇上方留着淡淡的胡须。他的举手投足间满是安详与温和，在与人交谈时轻言细语，走路时身体微微前倾，即使在休息时，他的姿势也好像是在伏案工作。他动作平稳，步伐缓慢，真想象不出有什么能超过他的这种沉静。

要是不注意到他那双炯炯有神的眼睛，人们肯定会将他的这一举止与软弱和体力的极度透支联系在一起。这双眼睛，由于长时间的劳作而微微发红，但却如此锐利明亮，满含着善良与温情。他那双蓝色的眼眸澄澈如一潭深水，那是他灵魂的凝聚之地，而他所有的肖像画都难以表现出这样的双眼。他那清秀柔弱的面庞因这目光而神采奕奕，正如他单薄的身体因那神秘的创作热情而充满生机。

对于这个将自己关在狭小空间中的苦行僧来讲，有谁能体味到这种永无休止的劳作的艰辛呢？已写成的书只是他劳动成果的一小部分。

他有着强烈的求知欲，一切语言文化，各国的历史、哲学、文学、音乐，无一不是他渴求的东西。想要探索一切的他写下了大量的摘录、札记与书信。在与另一个自己对话或与别人交谈时，他总是手不离笔。他用隽秀挺拔、刚劲有力的字迹在小本上记载着别人以及自己脑海中产生的各种想法，同时也记载着往昔以及当代的旋律，报纸以及杂志上的摘录。他所积累的这笔财富是难以估价的。

对工作的狂热，使他留给自己的睡眠时间从未超过五个小时，他没有时间去附近的卢森堡公园散步，也很少有亲朋好友爬上破旧的五层楼梯来拜访他。他的出行大多是为了做研究与收集资料。

对他来说，最好的休息便是停下手头的事接着去做另一件事，比如停止写信接着去看书，停止研究哲学接着去研究文学。他的独处实则是在与世界进行交往，漫长的一天中，偶有休闲时刻，他便会在暮色中，在钢琴前，借助音乐与伟人们倾心交谈，这时另一个世界的旋律便会如约而至，这一狭小的空间也就成了一个充满创造精神的世界。

名 誉

1910 年，罗兰被一辆沿香榭丽舍大道飞也似的疾驶过的汽车撞倒。人们急忙将满身是血、奄奄一息的罗兰送去抢救。

如果罗兰当时在车轮下丧生，估计对当时的文学界不会产生任何影响。报纸上至多只会发表一则短讯称，巴黎大学音乐教师罗兰教授不幸在一场车祸中遇难。

或许有人会记起，15 年前有个叫罗兰的人曾写过一些很有发展前途的剧本和音乐方面的论著。而在这座拥有 300 万人口的巴黎城，记得他的人恐怕不会超过十人。在声名远播整个欧洲的前两年，他仍默默无闻。而此时，使其成为一代伟人的一系列剧本、名人传记、《约翰·克利斯朵夫》的前八卷均已完成。

名誉的获得永远都是奇妙和不可思议的。任何名誉都有着自身的形式，它不依附于获得者，但又命中注定与其有着千丝万缕的联系。这些名誉，有的聪明，有的愚蠢；有的公正，有的自私；有的短促，轻浮，如昙花一现；有的缓慢，严肃，犹豫不决地举步不前；有的姗姗迟来，而令人耗尽心血。

罗兰与名誉之间一直有着某种神秘的联系。早在青年时代，名誉的巨大魔力就诱惑着他。但是，使这位年轻人心驰神往的、唯一真正的名誉，是具有精神力量与道德权威的。因此，他坚决蔑视一切以卑鄙的阴谋与徇私舞弊去获取名誉的行为。他了解权利对人的诱惑的危险性。他深知投机钻营，得到的只是名誉的阴影，而不是其灿烂的光辉。

虽然名誉不止一次地靠近过他，但他从未主动去接近名誉，从未向其伸出双手。而他的一篇辛辣的抨击文章《节场》，更是将到手的名誉推了出去，使自己永远失去了巴黎新闻界的青睐。他对约翰·克利斯朵夫的评价，也完全适用于自己："他的目标不是取得成功，而是坚定其信仰。"

名誉喜欢这个从心底里仰慕它但从不绞尽脑汁追逐它的人，所以，它因不愿干扰他的创作而姗姗来迟。它要让这颗种子深埋在黑暗的泥土中，忍受痛苦和磨难后逐渐成熟。那时，作品与名誉在各自不同的领域生长着，期待着团聚。

自《贝多芬传》问世后，罗兰周围逐渐形成了一个小团体，这个团体同后来的约翰·克利斯朵夫一道陪伴了他一生。《半月丛刊》也迎来了一些新朋友，在没有新闻界支持的情况下，多亏了这些新老朋友的帮忙，他著作的发行量才不断增加，译本也在国外出版。

1912 年，杰出的瑞士作家保尔·塞佩尔出版了关于罗曼·罗兰的第一本详尽的传记。罗曼·罗兰这个名字开始出现在各大报纸上之前，他早已受到了读者的爱戴。法兰西学院于 1913 年授予他文学大奖，这正如一声号令，将他的追随者们集合了起来。

在他年近 50 之际，赞扬之声突然如潮水般向他涌来。1912年，他还是一个无足轻重的小人物，1914 年，却已成为誉满世界的名人。在人们的惊呼声中，他成了整整一代人的领袖。

正如罗曼·罗兰一生中所遇到的每一件大事一样，这次的声誉中也隐含着某种神秘的意味。在艰辛的岁月中，这位艺术家历经磨难，而名誉却迟迟不肯露面。但在战争爆发之前，它却像一把利剑一样及时出现在他身边，赐予他威力和话语权来为欧洲代言。

这一名誉来得正当其时，因为罗兰在经历过痛苦的磨砺与艰苦的探索后，已经成熟，能够深刻地领会到名誉的内涵，认识到对欧洲的责任，而世界也正期待着这位勇士的出现。他向全人类宣告其永恒的使命，那就是博爱。

时代的回响

从此，罗兰摆脱了黑暗，投身于时代的狂流。他外表沉静，但却具有最强大的动力。他看似孤僻离群，但实际上却与欧洲多难的命运休戚相关。回望他过去的生活，多年无望的奋斗，徒劳的努力，都是他成功路上不可或缺的。那就像艺术作品一样，是意志与机缘的巧妙结合。

正是在我们所有人急需一位精神上的代言人的时候，恰恰是这位默默无闻者，代表了公众的道德力量。如果认为这只是命运的机缘巧合，那就太肤浅了。

自 1914 年起，罗兰便不再是一个私人的存在，他的生命不再属于他自己，而是属于整个世界。他的生平成了一部现代史，已无法同他的社会生活分开。这位一直无声无息的孤独者从他的书斋中走出来，投入到了现实活动中。

他的每一封信、每一篇文章都成了宣言，他的个人存在本身就是一出英雄剧。当他最珍贵的欧洲统一的理想受到毁灭性的威胁时，他从避世的生活中走出来，积聚起一切的力量，成了时代的弄潮儿，也因此成了欧洲精神史的一章。正如我们不可能将托尔斯泰与其鼓动性的宣传活动分开一样，我们也无法将这位活动家与他的影响分开。

从 1914 年起，罗曼·罗兰就只为他的理想而存在、斗争。他不再是一位作家、诗人、艺术家和一个孤独的存在，他是灾难深重的欧洲的声音，他是欧洲的良心。

剧 作

作品与时代

离开罗曼·罗兰生活的时代，便难以解读其作品。因为正是由于当时整个国家的疲惫与备受侮辱民族的绝望，才使其作品充满了激情与信心。1870 年的阴影笼罩着这位作家的青年时代，而他的作品之所以伟大，是因为它们在两次战争之间架起了一座精神桥梁。这些作品产生于阴云密布的天空，鲜血遍野的土地，蕴含着新的斗争，追寻着新的精神。

这些作品在黑暗中诞生。一个战败国犹如一个丧失了信仰的人，狂热的崇拜突然化成了莫名的心力衰竭，千百万人心中的火焰化成了灰烬。一切令人振奋的东西，包括死亡，突然间失去了任何意义，变得毫无价值。

曾经的英勇行为，今天已被看作愚蠢的举动。希望变成了失望，自信变成了可怜的幻想。一切团结的努力，得到的只是失败。每个人都在推卸自己的责任，试图将它们转嫁到他人身上。

人人都想谋取私利，而奋发向上的精神被极度的疲惫瓦解了。没有任何东西能像战败那样摧毁人民大众的道德力量，并从根本上动摇整个民族的精神支柱。

1870 年之后，整个法国陷于疲惫不堪、无人主持的混乱局面中。连当时法国最优秀的诗人也被现实打击得晕头转向，帮不上一点儿忙。后来，几经周折，这些诗人又开始更深入地钻研文学，这样，他们便完全脱离了人民大众。

整个民族的灾难也使得左拉、福楼拜、阿纳托尔·法朗士、莫泊桑这一批作家自顾不暇，更不要说拯救处于危难中的民族。随着阅历的增加，他们逐渐丧失了信心，对未来悲观失望。

而一些年轻的诗人，他们并没有真正经历过战争，没有见过尸横遍野的战场，所以看到的只是现实衰竭的精神状况，人民颓废、空虚、灵魂破碎。他们不想生活在这个没有希望的、让人感到压抑窒息的世界。

通过生活和工作，希望与信心在他们心中被唤醒，这种信心的火焰开始在成长着的年轻人心中升腾。他们带着熊熊燃烧的信念，跨过父辈的坟墓，勇敢向前。对这些青年来说，战败是其最初的感受，但也成了他们艺术中最基本和最重要的主题。因为他们深知，如果不能给予伤痕累累的祖国以帮助，不能使这个绝望的民族重拾信心，那么他们将会一事无成。

他们奔流的热情终于找到了倾注的对象，激情有了自己的目标。战败民族的优秀代表总会有新的理想，战败民族的青年总会达到一个新的目的，那就是抚慰自己战败的民族，使它摆脱失败的痛苦。

但是，如何抚慰一个战败的民族，又如何使它从失败的阴影中走出来呢？诗人应该为失败找到合理的理由，为疲惫不堪的精神找到慰藉，所以他们不得不借用一些幻想和谎言。

年轻的诗人们找到了两种安慰的办法。民族主义者在其领袖莫里斯·巴莱斯、保罗·克洛代尔和贝玑的领导下将目光投向未来，他们咬牙切齿地说："这次我们输了，但下次我们肯定会赢。"

30年来，他们用诗句和格言培养着法兰西民族的自豪感，期望将它变成刺向敌人心脏的武器。30年中，他们不断重申着失败的痛苦和对胜利的渴望，不断揭开刚刚结痂的伤疤，不断用狂热的语句激起准备妥协的青年的激情。他们传递着复仇的火炬，时刻准备着将它投入欧洲的火药桶之中。

另一种理想则是罗曼·罗兰们的理想，他们为战败寻求的是另一种信念与慰藉，不过这一理想要平和得多，长期以来不为人知。这种理想指向的不是未来，而是永恒。它并不承诺新的胜利，而只贬低失败的意义。

对这些诗人，这些托尔斯泰的追随者来说，暴力并非精神优越的根据，外在的成功也并非衡量精神价值的标准。在他们看来，即使某人手下的将士们征服了上百个地区，也不能算是获胜，反之，即使他的将士们损失了上千门大炮，也不能算是失败。而只有使本民族摆脱了一切幻想与不公正的人，才算得上是胜利者。

这些杰出的人物想要说服法兰西，不要忘记自己的失败，而应该将失败变为一种道德力量。他们希望它能认识到精神的价值，认识到萌芽于血腥的战场，并成长起来的精神幼苗。

《约翰·克利斯朵夫》一书中，法国那一代青年的代言人奥利维，在欢迎自己的德国朋友时喊道："我们得感谢灾难，我们绝不能抛弃它，我们本身就是灾难之子。亲爱的克利斯朵夫，由于失败，你们又将我们团结在了一起。你们肯定没有意识到，你们带给我们的好处远远超过了给我们的坏处。是你们让我们重新燃起了理想主义的信念，激发我们去钻研科学，使我们重获信心。感谢你们再一次唤醒了我们的民族意识。想一想法国的孩子们吧，他们出生在战败的阴影下，出生在失去亲人的家庭中，深受绝望情绪的影响。向他们灌输的教育是，必须要以牙还牙，进行血腥的复仇，尽管这种复仇可能是徒劳无益的。他们从小接受的思想便是，世界上本就没有公道，强权能够侵害公理。这种思想或者会永远压抑着孩子们的灵魂，或者会使他们的灵魂崛起而更加伟大。"

他接着说道："失败使这个民族中纯洁的和坚强的精英凸显出来，使他们更纯洁，更强大，但同时它也将其他人迅速推向了沉沦。这样，它便将普通的人民大众同这些杰出人物分开了。"

在这些想要使法国与世界和睦友善的精英身上，罗兰看到了自己的民族所面临的任务。而他 30 年来的辛劳创作，目的也是希望避免新的战争的爆发，以免重新引起战争与失败所引起的可怕后果。他认为，任何民族都不应该凭暴力去获胜，而应该怀着团结、友爱的思想去取得胜利。

在法兰西民族中，由于战败，产生了两种不同的理想主义思潮。为了激励起新一代的奋斗精神，一场无形的战争在言论与书本中打响了。而现实更青睐莫里斯·巴莱斯这一派，1914 年的事变使他们战胜了罗曼·罗兰这一派的理想。

对罗兰来说，失败不仅是他年少时代的体验，而且给其成年岁月打上了悲剧性的烙印。但从那时起，他鼓足勇气，从失败中创造出了最有力的作品，让人们重振精神，并在失望中唤起他们坚强的信念。

追求伟大成就的意志

罗曼·罗兰很早就意识到了自己的使命。他在其早期作品《理智的胜利》中，通过吉伦特党人于戈的欢呼，倒出了自己的心声："我们最重要的责任便是要成为一个伟大的人，保卫世界上一切伟大的事物。"

这一追求伟大成就的意志，便是成就伟大事业的秘诀。在整整30年的斗争过程中，罗兰的与众不同之处在于，他的艺术中从来没有那些个别的、只带有文学性的或偶然性的成分。他总是致力于追求最高的道德标准，追求永恒的形式，追求卓越，追求最宏伟的境界。

他的目标是壁画般的、全景式的，如史诗一样包罗万象、波澜壮阔。他学习的榜样，不是他文学圈的同行，而是时代的巨人和伟大的英雄。他努力将自己的注意力从巴黎，从他认为狭隘的现代情感中移开。托尔斯泰，这位时代的巨人，成了他心中的导师。莎士比亚的历史剧，托尔斯泰的《战争与和平》，歌德的广博，巴尔扎克的丰富，瓦格纳如普罗米修斯般追求艺术的意志，这是一个罗兰敬仰的英雄们的世界。

罗兰虽然谦卑，但却与这个英雄们的世界紧密相连，而与那些奔忙于日常平凡琐事间的人有着天壤之别。

他细心研究这些伟人的生活，以便从他们的英雄气概中获得勇气；他研究他们的作品，以便用同样的尺度来衡量自己的作品，使自己的作品免于平庸。他对完美的狂热追求几乎成了一种宗教行为。他总是在思考那些无法获得的东西。他幻想着如米开朗琪罗在西斯廷圣母院的壁画、莎士比亚的历史剧、贝多芬的交响乐和托尔斯泰的《战争与和平》那样的雄宏壮阔，而绝不会渴求一部新的《包法利夫人》或莫泊桑风格的短篇小说。

他渴望创作出超越时代的作品。在近现代的法国作家中，只有维克多·雨果和巴尔扎克热切地向往过如此宏伟的成就；在德国，除了理查·瓦格纳，便再也找不出第二个这样的作家；在英国，在拜伦之后，也再无他人。

但是仅靠天赋和勤勉是无法实现这种对卓越的追求的，还需要某种道德力量来充当彻底扭转整个精神世界的杠杆。而罗兰所拥有的这种道德力量，便是现代文学中从未有过的英雄气概。

直到战争爆发，他的这种孤军作战，与整个时代相较衡的英雄主义才得以为天下人所知。于是 25 年来默默无闻的艰辛努力才公之于众。一个具有迟缓与平和天性的人是难以成为英雄的，但是勇敢的精神与其他精神一样，也需要在考验中得到锻炼与巩固。

罗兰一直致力于追求强大的力量，所以他早已成为这一代最勇敢的人。他不仅像中学生那样迷恋着伊利亚特和五部曲形式，而且凭着自己大无畏的精神，为我们这个浮躁匆忙的世界，孤独地创作着。虽然没有一个剧院愿意上演他的剧作，也没有一家出版商出版他的书籍，但是他还是坚持写作如莎士比亚的悲剧般规模宏大的戏剧集。

在没有读者、没有名气的情况下，罗兰已经开始写一部十卷本的长篇巨作。这部小说在民族主义大行其道的时代，选择了一位德国人作为主人公，并描述了他的一生经历。

他因在《人民剧院》这篇宣言中，谴责剧院低级趣味，唯利是图，而与剧院的关系恶化。他还有意在《节场》中尖锐地抨击巴黎新闻界以及法国艺术界的那种如市场里商贩般的习气，而与批评界搞坏了关系。这是举世闻名的巴尔扎克发表《幻灭》以来，法国上下无人敢做的。

他在生存方面缺乏物质上的保证，没有有权势的朋友，没有杂志，没有出版商，没有剧院，但他准备凭意志和行动来改造一代人的灵魂。因他对伟大的宗教般狂热的信仰，他的创作从来不是为了近期的目标，而是指向未来。

对罗兰来说，他唯一的助手，便是从自己宗教般的天性中汲取了力量的大无畏精神。罗兰的早期作品《艾尔特》中的题词，引用了奥伦治亲王的一句话："为了有所期望，我不需要掌声；为了持之以恒，我不需要取得成就。"这也成了罗兰毕生的座右铭。

作 品 集

罗兰追求伟大成就的意志，必然会影响到其作品的形式。他几乎从未写过脱离现实的、孤立的作品，也从不会去注意思想或历史上的小插曲。

只有当某种思潮以不可抗拒的力量出现，并将千百万人联系在一起的时候，只有当一个国家、一个时代、一代人像熊熊烈火燃烧起来的时候，只有那些自发的大规模的活动，只有那信仰的狂潮，才能唤起他创作的遐思。

无论是天才的人物还是天才的时代，无论是贝多芬还是文艺复兴，是托尔斯泰还是法国大革命，是米开朗琪罗还是十字军东征，只要是人类精神的火焰，都会点燃他创作的欲望之火。

但要艺术地重现这些宏伟壮阔、影响几个时代的现象，仅有青年人的激情，学生们一时的冲动是远远不够的。想要真实生动地对这种精神状态进行描述，还需要宏大的形式。富有崇高精神和英雄气概的时代，是不能用粗略的草图来勾画的，而首先应该涂上细致的底色，构建起一个宏伟的框架，使其有容纳万千事物的广阔的空间，以及开阔的精神视野的楼台。

所以，罗兰在每一部作品中都需要如此的广大空间，因为他要恰如其分地描述每一个时代、每一个人物。他不愿意只描述某一个环节或偶尔的片段，他的目标是整个事件的过程。他不会只描述革命中的某个小事件，而是整个法国大革命。他想要讲述的不会只是当代音乐家约翰·克利斯朵夫一生的经历，而是我们欧洲一代人的历史。

在他的叙述中，不仅有时代的中心力量，而且有时代的对抗力量，不仅有打击，而且有反抗。描述中的公正与恰当是他对自己的要求。

对罗兰来说，宏大的形式，不仅是艺术上的需要，而且是精神与道德上的需要。为了确保自己激情创作中的公正性，为了更好地表现出作品中每一个发言人的思想，他必须完成一个多声部的大合唱。

为了完整地表现法国大革命，革命的高潮、低潮，政治斗争，以及革命的衰落和失败，他计划创作一部由十个剧本组成的戏剧集。表现文艺复兴时代，大约需要3000页，而对约翰·克利斯朵夫一生的描述，居然也需要如此的篇幅。这只是因为对他这样一位追求公正合理的人来说，为了体现出真实性，小说中人物的中间类型、变形和显著类型一样重要。他意识到了把人物进行分类的危险。

如果站在约翰·克利斯朵夫对立面的只有一个法国人奥利维，如果在具有象征意义的主人公周围缺少一批性格各异的次要人物，那我们眼中的克利斯朵夫会是什么样子？真正公正客观的艺术家一定会招来许多证人，以便进行公正的评判，因为他需要的是全部的事实。

所以，由于拥有这种公正对待一切伟大事物的道德感，罗兰才需要宏大的形式。当然，作品集以及系列作品自然是最适合他的创作形式。作品集中的每部作品虽然都独立成章，但只有同公正这一道德思想相联系时，才具有最深刻的意义。

对于公正来说，一切思想、行为和言论，都围绕着人性这一中心而展开。作品集包罗一切，协调矛盾，是公正的象征，深得罗兰这位永恒的音乐家的喜爱，也几乎是他唯一采用的写作形式。

在罗曼·罗兰30年的创作生涯中，共写了五个这样的作品集。这些工程浩大的作品集，有的是罗兰难以完成的。他的第一个集子是一部戏剧集，这一剧集力图以莎士比亚的精神，以法国作家戈比诺的方式，展现整个文艺复兴时期的全貌，但终因年轻的罗兰缺乏经验，无法将零散的资料统一起来而告终。

罗兰也承认，这一集子中已写成的几个剧本不够成熟。他的第二个集子是《信仰悲剧》，第三个是《革命剧》。这两部集子最终都未完成，但其中一些片段的描述已达到炉火纯青的程度。第四个集子是《名人传记》，罗兰本想完美地将它呈现于大众面前，但最终仍然因没有完成而未能如愿。只有最后一个集子，十卷本的《约翰·克利斯朵夫》完整地描述了一代人的生活，并使伟大与公正在其中达到了协调统一。

除了这五个作品集之外，无形中还存在着另外一个集子。只有后世子孙才能从这部集子的开头和结尾、产生和结束中，感受到形形色色的人物在歌德式的高尚而丰富的生活圈子里的和谐一致。那里的生活和创作、言谈和书信、观念与行动都成了艺术品。但是，现在这部集子正处于激情的、充满灵感的创作阶段，不过，我们已经能够感觉到它生命的热度。

鲜为人知的剧作集
（1890～1895）

20岁时，罗兰离开巴黎高师，前往意大利学习。这位痴迷于音乐、对莎士比亚充满着热情的年轻人，首次在意大利体会到世界是自由的，是艺术家进行创作的饱含生命力的素材。按照学校的规定，他本来是去研究历史的。而现在，历史却透过一座座雕像、一处处神殿和废墟，注视着他。

在罗兰的眼里，一座座意大利城市，一个个已逝的时代，就像舞台上的场景一般从他眼前闪过。而只要拥有语言，便可以将这些往昔庄严的历史记忆写成诗歌或悲剧。他享受着初到异国的美妙时刻，如在梦中一般。他站在诗人的，而非历史研究者的角度品味着神圣的罗马和永恒的佛罗伦萨。

他年轻的心灵在这里感受到了自己一直以来暗暗向往的伟大。不管怎么说，在文艺复兴时期，这里的确经历过崇高与辉煌。这里的大教堂建立在血腥的战斗之上，有米开朗琪罗与拉斐尔装饰过梵蒂冈的墙壁，还住着令人敬畏的教皇。早已被人遗忘的古希腊的英雄主义在经历了数个世纪后又在欧洲复活。

罗兰对坚强意志的追求，唤起了他心中英勇强大的超人形象，那便是他少年时代的老朋友莎士比亚。埃尔涅斯托·罗西的一系列演出，似乎第一次使他意识到了莎士比亚戏剧的魔力。现在，他不像在故乡克拉姆西的狭小阁楼里那样，只关注那些极其温柔的女性形象，而是转向那些震慑他心灵的内心强大的人物。在这里，他以全新的方式重新认识了莎士比亚以及他作品的妙处。

因为在法国，人们在剧院里几乎看不到莎士比亚戏剧的影子，只有通过翻译作品才能对其略知一二。这种感觉正如100多年前年轻的歌德一样，当时酒醉的歌德乘着酒兴写了一首颂歌以纪念莎士比亚。罗兰狂热的激情化为强烈的创作灵感，就像曾经狂飙突进时期的德国人一样，这位得到解放的艺术家，根据古代历史创作了多个才华横溢、气势磅礴的剧作。

这位激情四溢的青年人，奋笔疾书，一口气写成了一系列的剧本。但是由于当时条件的限制，加之作者后来对其的评判态度，所以这些剧作始终没有发表。

他的第一部剧本《奥尔西诺》，1890年成书于罗马。第二部《恩培多克勒斯》是在西西里岛安静富饶的环境中完成的。在写这一剧作时，罗兰并未受到荷尔德林的任何影响，因为这一作品与荷尔德林的一部巨著同名，而这一情况是后来罗兰从玛尔维达·封·梅森堡那里得知的。最后一部《格利·巴朗尼》与上一部作品一样也写于1891年。

罗兰离开罗马重回巴黎之后，并没有放弃写作。1892年，熊熊燃烧的创作欲望促使他接连完成了《卡利古拉》和《尼俄泊》。1893年，罗兰在意大利的蜜月旅行期间，又以文艺复兴为背景，写成了《围攻曼杜依》。这是直到今天唯一得到他肯定的剧作，但是原稿却因一次偶然的事件而丢失。

此后，他开始选取与祖国有关的题材，完成了《信仰悲剧》、《圣路易》（1893）、《让那·德皮埃尔》（1894），这些剧作也没有发表。《艾尔特》（1895）是第一部被搬上舞台的剧本。接着上演的还有《革命戏剧》（1896～1902）、《蒙太斯潘》（1900）和《三个恋人》（1900）。

在他那部真正的作品问世之前，他已经以艰辛的劳动默默无闻地完成了12部剧作。这足以抵得上席勒、克莱斯特或黑贝尔创作的全部剧集。罗兰的前八个剧本既没有出版，也没有上演。只有罗兰忠实的朋友，戏剧行家维达·封·梅森堡在自己的《一个理想主义者的晚年》中，公开肯定了这些剧本的艺术价值。除此之外，再也没听到过任何关于它们的只言片语。

这些剧本中曾有一本由当时法国的头号演员向听众朗诵过，可对于这件事的回忆却是令人痛苦的。加布里埃尔·莫诺曾是罗兰的老师，后来成了他的好朋友。莫诺受到热情的维达·封·梅森堡的影响，将罗兰的三部作品介绍给了当时法国的著名演员穆内·叙利。叙利读完这些剧本之后欣喜万分，便将它们介绍给了法兰西戏剧院，并在戏剧委员会里竭力推荐这位素昧平生的人。因为比起那些文人，作为演员的他更能感受到这些作品的意义。

结果，《奥尔西诺》和《格利·巴朗尼》遭到了拒绝，只有《尼奥贝》被允许在"剧目审查委员会"里朗诵。这是罗兰一生中极度激动的时刻，名誉第一次近在咫尺。穆内·叙利亲自朗诵了这位无名作家的作品。罗兰被允许旁听，在两小时零两分钟的时间里，他静待着命运的安排。显然，命运这时并不眷顾他。剧本遭到了否决，并从此销声匿迹。甚至他的剧本都没有被打印出来。这位永不言放弃的人，在之后的十几年中还创作出了一系列剧本。虽然没有一个剧本跨上过本国的舞台，但是，通向成功的大门已经打开。

对于这批早期的作品，我们除了知道它们的题目之外，对其价值却一无所知。从罗兰后期的作品可以看出，他那过分狂热的激情已趋于消散，可以说，他后来作品的成熟、凝练、宁静与和谐都源于早期那些做出了牺牲而没有问世的作品。一切真正的创作都成长于遭到否定的作品这一沃土。罗兰的作品，在扬弃的过程中，散发出迷人的光彩。

信仰悲剧

20 年之后，罗兰将他青年时代的作品整理成集，取名《信仰悲剧》，于 1913 年出版。在序言里，他提到了当初创作时所处的那个悲剧性的时代，他写道："我们当时远离目标，孤立无援。"

对当时那些体格并不健壮，但同约翰·克利斯朵夫与奥利维一样信仰坚定的兄弟们来说，要维护自己的信仰，坚持自己的理想主义信念，远比欧洲新一代的年轻人困难得多。因为这些年轻人已生活在一个强大的法国，一个自由的欧洲中。而当时的法国仍处于战败的阴影中，他们这些代表着法国精神的英雄们，必须亲自参战，来反对怀疑这样的民族恶魔，并改变战败者的疲惫与气馁这一民族不幸的遭遇。

那个衰落的时代在呼唤着逝去的伟大，但周围一片寂静，听不到任何的回应，唯有天空在侧耳倾听着这孤寂的呼喊，那是对永恒生命的坚定信仰。

这部作品集里的各个作品，尽管在时间与思想上各不相同，但信仰这把火炬却将它们紧密地结合在了一起。在罗兰的作品中，激情犹如熊熊烈火燃遍了整个民族与国家，思想的火花会突然在人们的心灵之间相互传递，而将成千上万的人拉入幻想的旋涡；在他的作品中，平静的灵魂突然会狂热地行动起来，那些看不见、摸不着的东西，像语言、信念和理想，使这个苦难深重的世界深受鼓舞，而向光明迈进。

无论是在《圣路易》中，人们向往天国与圣地，在《艾尔特》中，人们怀念祖国，还是吉伦特党人追求自由，虽然人们灵魂深处的理想迥然不同，但其实质却是一致的，那便是罗兰的仍然悬而未定的理想主义。在罗兰的眼中，目标永远都只是一个幌子，真正重要的是信仰，能够创造奇迹的信仰。它能够号召民众如十字军一样远征东方，召唤成千上万的人为国家的独立而赴汤蹈火，让将领们甘愿做出自我牺牲而大义凛然地走向断头台。

维尔哈伦说过："真正的生命在于振奋，唯有用热情与信仰创造的东西才是美的。"虔诚的圣路易到死的时候也没有看到耶路撒冷，艾尔特因不愿沦为阶下囚而选择死亡以获得永恒的自由，吉伦特党人惨死于暴民的铁拳之下，虽然他们都未能达到目标，但是这些并不应令人感到沮丧，因为他们用自己的灵魂战胜了一个衰落的时代。

他们拥有真正的信仰，一个不希求在自己的有生之年实现的信仰。无论是身负十字架，还是手拿利剑，是戴着雅各宾党人的锥形帽，还是罩着脸颊的头盔，也无论是哪个时代或处于哪种潮流之下，他们都挥舞着同一个理想主义的旗帜走向未来。他们都受到了无形的精神的鼓舞，他们有着共同的敌人，那就是衰弱时代的怯懦、狭隘、沮丧、贫乏和疲惫。在人们一致反对英雄主义的时刻，他们表现出的是纯洁的意志所具有的永恒的、超越一切时代的英雄主义。他们展示出的是精神的胜利，因为只要拥有信仰，就能战胜时代，战胜时间。

罗兰这一批剧本的目的，便是要在自己所处的时代，重新唤起精神低迷的年轻人的信念，使这新一代的年轻人心中涌出的无法抵挡的理想主义上升到一种精神境界，而不是转化为暴力。实际上，这里已隐含着罗兰未来作品的全部主旨，那便是用振奋的精神来改变世界。

罗兰借奥利维道出了自己的心声："一切使生命振奋的东西都是好的。"只有强烈的情感才能创造出富有生命力的作品，只有信仰才能使精神去建设世界，只有意志才能克服失败，只有自由的灵魂才能抑制悲伤。执着地追求遥不可及的目标的人，就已经超越了自己的命运，即使在尘世中死亡，那也是与命运抗争的胜利。因为他们，英雄主义的这曲悲歌将会点燃新的热情，它会重新高举倒下的旗帜，昂首跨越所有时代。

圣 路 易
（1894）

这是一部关于法国国王圣路易的神话，准确地说，它是一部以音乐为基础的宗教剧而非戏剧。瓦格纳曾在音乐作品中叙述过家乡的传说，这部戏剧便是将瓦格纳的这一创意变成了文字。

起初，罗兰是想写一部音乐作品，他亲自为其创作了序曲，但这序曲像他其他的音乐作品一样，并没发表。后来，在创作过程中，音乐的成分逐渐变成了抒情的文字。在这部温和的传记里，没有一丝莎士比亚戏剧那如火的激情。他用舞台场景的形式，讲述了一位英雄主义的圣徒传说。

正如福楼拜在《好客者朱利安》中所说："把它用文字描述得就像我们家乡教堂的彩绘玻璃一样。"画家彼维·台沙凡就是用这种柔和的色调，在法国纪念堂的壁画上，描绘了守护巴黎的法国圣女热涅维娃的形象，以及环绕着她的轻柔的月光。罗兰使自己笔下这位虔诚的法国国王周围也围绕着那柔和的、善良的光环。

这部作品萦绕着《帕齐法尔》的音乐，而作品中的主人公身上也或多或少地闪耀着欧洲传说中的骑士帕齐法尔的影子。这位主人公本着宽容而不是同情变得开朗。他说过这样一句精彩的话："要了解他人，只需要去爱他们。"

在这个世界上，他除了善良和宽厚便一无所有，可这仅有的财富是如此巨大，即使最强大的人在他面前也会变得不堪一击。他用这种信仰建立起了无数的功勋。他无法带领自己的人民走向胜利，但是却帮助他们超越了自身，克服了自身的弱点，并领导他们进行了看似无谓的十字军东征，这一带有宗教性质的冒险使整个民族获得了一种信仰，那就是死而后生的伟大。

在《圣路易》中，罗兰第一次描写了战败的胜利者这一人们最钟爱的人物类型。这个战败者从来没有达到过自己的目标，但是"事物对他的压制似乎越强烈，他就越能控制这些事物"。虽然像摩西一样无缘看到那片希望之乡，但他似乎已经接受了"作为一个战败者死去"这样的命运安排，可就在他弥留之际，他听到了士兵们欣喜若狂的欢呼声，因为那座令他们梦萦魂绕的城市出现在了眼前。

虽然他深知，争夺毫无希望的目标的斗争，是不可能取胜的，但"如果那无望的目标是上帝，那这种斗争便是值得的"。斗争中的失败者取得的永远是最大的胜利，因为他用自己的精神，引导沮丧的人们去完成他未竟的事业，建立并坚定众人的信仰，并创造出永恒的精神。

罗兰的这部作品充满了基督教精神。蒙萨瓦茨，这座传说中保卫圣杯的骑士们居住的城堡，将宏伟的拱顶搭建在虔诚的教堂合唱队的上空。温顺战胜暴力，信仰战胜世界，宽容战胜仇恨，这些永恒的思想贯穿于从早期的基督教到雅斯纳亚·波里亚纳的大师托尔斯泰的无数作品中。

罗兰在第一部作品中采用的还只是圣徒传奇的形式，以此来传递这个永恒的信仰。但在随后的作品中，他便能够越来越自由地、不受任何拘束地阐明，信仰的力量既独立于一切教派、教义，又与它们紧密相连。这里的理想主义虽然还以浪漫主义的手法隐藏在象征性的世界里，但它即将成为我们身边的现实。

我们终会明白，"只要这个灵魂追求伟大，只要它力图捍卫世上的伟大"，那么虔诚的圣路易与十字军远征的时代距我们自己的灵魂便只有一步之遥。

艾 尔 特
（1895）

《圣路易》成书一年后，罗兰完成了《艾尔特》。它的目的比前一部笃信宗教的神话更明确，那就是让这个被压迫民族重新燃起信仰和理想之火。《圣路易》是一个英雄的传说，是一个对过去宏伟业绩的美好回忆。《艾尔特》则是一曲战败者的悲歌，是召唤人们觉醒的呼号。

剧本中的舞台说明这样写道："这一剧本产生于近年来的政治与压迫，剧中虚构的荷兰即是第三共和国这个战败的民族。让人痛心的是，它竟成了一个被失败击倒而备受屈辱的民族。它正在逐渐衰落，而未来将会耗尽其所剩无几的力量。"这些话语已将整部戏的意图表露无遗。

艾尔特是一位年轻的王子，是曾经一个伟大王国的继承人。在成为敌人的俘虏后，唯一支撑他疲惫衰弱的身躯和苍白痛苦的灵魂的是追求伟大业绩的信念。敌人们绞尽脑汁，企图用利诱、欺诈、怀疑，这些不道德的手段来摧毁他的这一信念。他身边的伪善之徒也妄图用享乐、女色和谎言使他放弃自己崇高的志向，放弃做一名伟大历史的有所作为的继承人，而他却没有丝毫的动摇。他的老师迈特尔·特罗雅尼斯，如后来法国的阿纳托尔·法朗士一般，所具有的品质，如善良、活力、怀疑，甚至智慧都平如秋水，很少有激情的波澜。他希望将这位激情四射的年轻人培养成一个像马可·奥勒留那样的，渴望隐退去过一种宁静生活的人。

但这位年轻人骄傲地反对道："我尊重人的思想，但我相信，世上还有超越它的，比它更崇高的东西，那就是精神的伟大。"在这个冷酷的时代，他内心燃烧着渴望行动的烈火。

但是，只要有行动便会有暴力，只要使用暴力便意味着流血。而柔弱的灵魂渴望和平，道德的意志需要正义。这位年轻人既犹豫不决，又热情似火，从他身上既可以看到哈姆雷特的影子，又可以看到圣鞠斯特的影子。

他就像奥利维的一个面色苍白的兄弟，虽然早已预料到了一切后果，他还是将自己青春的火焰投入未知的世界。可是，这一火焰在语言与意志中逐渐熄灭。到后来，不是他在进行行动，而是行动俘获了他。它拉着这个疲惫虚弱的人坠入了无底的深渊，那里除了死亡再无其他的出路。他最终找到了一个摆脱屈辱，并实现道德伟大的唯一办法，那就是他自己的最后的行动。

当他周围那群得意忘形的胜利者大声叫嚷着"太晚了"的时候，他却骄傲地回应道："追求自由，永远不晚！"然后，他决然选择用死亡去追寻永恒的自由。

这是一个备受争议的浪漫主义剧本，是一个悲剧的象征。这一剧作类似于德国后来的一位作家弗里茨·冯·翁鲁在其青年时代写的一部作品《军官》，在这部剧中，主人公的痛苦在于，他被逼放弃行动，英雄的意志又遭到打压，所以只好到战争中去寻求安慰。同他一样，艾尔特用自己的呼声折射出他人的麻木迟钝，并让人感受到了那个缺乏信仰的时代令人窒息的空气。在这个平庸的、物质至上的时代，在左拉和米尔博大获全胜的时代，唯有这个剧本在这块备受屈辱的国家上空高举着梦想的旗帜。

法国戏剧改革

这位年轻的诗人不知疲倦地完成了他最初的剧作。他始终记得席勒说过的一句话：在幸福的时代可以享受一切美妙的东西，而在衰弱的年代则需要以过去的英雄为榜样。他召唤自己的民族去创建宏伟的业绩，可是，始终没有任何回应。怀着复兴民族精神的坚定信念，罗兰探寻着得不到回应的缘由，结果发现问题不在于他的作品，而在于他和时代的对抗。

托尔斯泰曾在其著作和那封寄给他的书信中，第一个向他指出，资产阶级艺术既贫乏又缺乏创造力。这种艺术在戏剧这一最感性化的表现形式中，失去了更多的同道德力量与生命活力的联系。

一群勤快而多产的戏剧家霸占了巴黎剧院的舞台，他们作品的内容无非是私通的阴谋与色情的冲突，从不触及人类的道德伦理问题。报纸对观众的影响也起到了推波助澜的作用，使他们成天精神萎靡，根本不愿振作起来，只想休息、娱乐和享受。剧院职能齐全，但却不能是席勒所要求的、达兰贝尔所坚持的"道德教养所"。这样的戏剧艺术不可能向人民大众传送激情，而只能在表面上掀起一丝波澜不惊的涟漪。这种感性的、机智风趣的娱乐同本民族真正的创造力和感染力之间产生了一道无边的裂痕。

热心朋友们的支持和托尔斯泰的教诲，使罗兰意识到这种状况在道德伦理上的危险性。他认为，任何一种艺术一旦脱离了人民大众，那它便是毫无意义的和有害的。

在《艾尔特》中，他已在不觉中道出了自己的纲领：在人民群众中最容易找到对真正英雄主义的理解。被俘的艾尔特王子身边的随从中，淳朴的手艺人克拉斯，是唯一一个不愿投降、不甘心屈服、对祖国所受的屈辱感到愤愤不平的人。人民群众内心深处的这种非凡力量在其他艺术领域已有所体现：左拉和自然主义者在文学作品中表现了无产阶级的悲剧美，米勒和默尼耶用绘画和雕刻塑造了无产者，社会主义将宗教集体意识的力量解放出来。

唯有戏剧，这一直接影响普通人的艺术形式，还被封锁在资产阶级的圈子里，拒绝输入新鲜的血液。它沉迷于性欲问题，只关心色情游戏，从来不理会新时代的社会思想和精神力量，它面临衰落的危险，因为它缺乏人民群众这一永恒的土壤。

罗兰认为，只有依靠人民大众，才能治愈戏剧艺术的贫血症，阴柔的法国戏剧只有同千百万人民进行实际的接触才能重获阳刚之气。"只有人民的活力才能恢复它的生命和健康。"戏剧是民族性的，它不应当是少数上层人物的奢侈品，而应该是群众的精神食粮，并对人民心灵的成长产生积极的影响。

罗兰接下来的目标便是要为人民创造出这样的戏剧。于是，几个既没有社会关系，又没有权力地位的年轻人，仅凭着自己青春的热情和真诚，在出版界的暗中反对中，在城市巨大的冷漠中，开始将这一伟大理想付诸实践。

　　他们在自己创刊的《戏剧评论》上发表宣言，同时，招募演员，寻找剧院和支持者，创作剧本，建立委员会，撰写致部长书。然而他们所处的城市和世界对他们的努力却漠不关心，但他们还是满怀狂热的理想主义信念，为调和资产阶级戏剧与人民之间的对立而奔忙，虽然这一工作注定是不会有任何结果的。

　　罗兰成了他们的领袖，他的宣言"人民的戏剧"和"革命的戏剧"，是他坚持真理的一座不朽的丰碑。这些努力虽然暂时以失败告终，但它们像他人生道路上的所有失败一样，最终取得了道义上的胜利。

向人民呼吁

　　1900 年，罗兰在《戏剧评论》上发出了呼吁，开头便引用了席勒的这句名言："旧时代已然过去，新时代即将到来。"他呼吁作家与人民联合起来，创造人民的戏剧。剧院与剧本应当完全归人民所有，需要改变的不是具有永恒力量的人民，而是艺术本身。作家与人民的联系应当在创作中实现，这种联系不应是偶然的，而应是一种渗透的、创造性的交融。人民需要有自己的艺术、自己的戏剧。托尔斯泰认为，人民应该是一切价值最后的检验标准。

　　因此，人民强大、神秘、永恒的宗教性力量在得到赞赏的同时，还应当被巩固并使其升华。而病态、虚弱、苍白的资产阶级艺术必须凭借人民的力量才能得到康复。

　　为了实现这一目标，只让人民偶尔当一次剧院的观众，只暂时得到友好的老板和演员的恩赐，是绝对不行的。自拿破仑颁布法典以来，巴黎人民经常在大剧院演出，但这是不够的。"法兰西戏剧院"偶尔会屈尊俯就，为劳动人民献上热情的宫廷作家高乃依或拉辛的作品，但是这种努力在罗兰的眼里没有丝毫价值。

因为人们需要的不是鱼子酱，而是有益于健康的、易于消化吸收的食粮。为了培养他们坚不可摧的理想主义信念，他们需要有自己的艺术、自己的剧院，更重要的是自己的作品，那些能与他们的情感与智慧产生共鸣的作品。他们不应当认为自己只是一个局外人，一个陌生思想世界的闯入者，而应当在这种艺术中认识自我，认识自己的力量。

对个别人在这方面所做的尝试，罗兰认为是值得称赞的。如法国剧作家莫里斯·波特谢就在比桑的"人民剧院"，为不多的观众上演过通俗易懂的剧目。

但是，对一个拥有300万人的城市来说，这种尝试的范围实在太小。舞台与真正的民众之间的鸿沟仍然无法填平。乐观地说，这二三十场演出对民众的影响的确微乎其微。而更重要的是，它们并没有展现出思想上的联系和道德的升华。像这种没有生命力的、远离人民群众的戏剧，不会对民众产生持久的影响。反之，民众对这种艺术也不会有影响。但像左拉、夏尔·路易·菲利浦和莫泊桑这样的杰出作家，早就受到了无产阶级的理想主义影响。

总之，一定要创建人民自己的剧院！那么，人民剧院应该给人民提供什么呢？罗兰匆匆查阅世界文学以寻找答案，但结果是出人意料的。

把法兰西舞台上的古典主义作品介绍给劳动人民吗？高乃依和拉辛的那种高尚的激情会让他们觉得陌生，莫里哀精致、纤巧的作品他们未必理解，古希腊、罗马的悲剧恐怕会让他们感到枯燥乏味，雨果的浪漫主义悲剧会与他们健康的现实主义天性相违背。莎士比亚也许合乎他们的胃口，但也必须对其作品进行改写或仿造。德国作家席勒的《强盗》和《威廉·退尔》中激昂的理想主义，也许能够激发起他们的热情，但同克莱斯特《洪堡亲王》一样，其作品中表现出的他国的民族情绪对法国巴黎人来说完全是陌生的。托尔斯泰的《黑暗的力量》和豪普特曼的《织工》通俗易懂，但作品的内容太过压抑，如果上演成功，它们完全可以震动犯罪者的良心，但不会使人民获得解放的意识，而只会产生忧郁的情绪。奥地利作家安岑格鲁贝，是一位真正的人民诗人，但沾染了太多的维也纳气质。罗兰认为，瓦格纳的《纽伦堡名歌手》，是大众化的崇高艺术的巅峰，但他的作品无法离开音乐而上演。

罗兰苦苦地寻觅，可在对过去的回顾中无法找到他想要的答案。不过，罗兰是一个从不言败的人，他总能从失败中汲取到力量。如果人民剧院没有人民自己的剧本可供演出，那么为新一代创作这样的剧本便是自己崇高而神圣的责任。

"一切都需要说！一切都需要做！行动起来吧！"他以这一呼吁结束了自己的宣言。的确，行动是推动世界的开始。

纲　领

人民究竟需要怎样的剧本？肯定是"好"的剧本，正如托尔斯泰谈到的"好"书籍一样。这种剧本既易于被大众理解，又不庸俗；既能够唤起人们精神上的信仰，又不歪曲这种信仰；既能够激发民众对理想主义的强烈渴望，又避免他们只满足自身的感受与好奇心。这种剧本所展现的不应是琐碎的冲突，而应当揭示古希腊庆典的精神，表现人们与强权和英雄主义命运作斗争的情景。"让那些复杂的心理学说，精妙的调侃，含混的象征，色情的沙龙艺术统统滚蛋吧！"

人民想要的是宏伟的艺术。尽管人民努力追求真实，但是他们绝不能处于自然主义的控制下。因为如果他们只关心自身以及自身的痛苦，那么艺术就无法激起他们振奋的精神，而只会引起他们心中的仇恨和具有暴力倾向的精神力量。如果他们想在接下来的一天更愉快、更积极、更充满信心地去工作，那么他们就需要一种精神上的促进力量，而这种力量的源泉便是舞台戏剧表演，此外，这种表演还会使他们的修养得到提高。

人民的戏剧展现给人民的应当是人民大众自己，但不能是无产阶级陋室的霉味，而应该是往昔的巅峰时刻。罗兰平时总会受到席勒某些思想的启发，然后得出结论。他认为，人民戏剧应当是历史性的，人民不仅要认识自身，还要学会赞赏自己的过去。罗兰最初对伟大精神的强烈渴望应该是在人民中被唤醒的，他认为，人民应当学会从自身的痛苦中汲取欢乐的力量。

这位颇具诗人气质的历史学家如今将历史的本质上升到了一个新的高度，将它变成了一首颂歌。历史因蕴含无数伟大运动中的精神力量而显得格外神圣。

"一些奇闻逸事、细枝末节在历史中占据了过多的位置，这有碍于人的理性思维，因此必须唤醒过去的力量和行动的意志。"当今的人们应当向先辈们学习，以创建伟大的业绩。

"历史能教会人超越自身，去了解他人的心灵，让人们从往昔的岁月中，从千差万别的芸芸众生中找到自己的身影，从而认识到一些可以避免的错误和不良习惯。历史如此强大的包容性能教会人们认识永恒与本质。"

罗兰接着提出了这样的问题："那么迄今为止，法国剧作家从历史中为人民谱写出了什么呢?"有西哈诺的滑稽形象,有莱斯达大公的满身香水味,有虚构出来的放荡夫人。"一切都需要去说!一切都需要去做!""对法兰西来说,民族历史完全是崭新的东西。我们的剧作家经常在戏剧中忽视法兰西民族。

但是,自罗马时代以来,这个民族也许是世界上最英勇的民族。那时,这个民族的统治者、思想家和革命者身上曾经跳动着欧洲的心脏。这个民族不仅在一切精神领域显示出伟大,而且在行动方面也如此伟大。行动是这一民族最崇高的创作,是它的诗歌、戏剧、史诗。"

"这个民族完成了其他民族梦想的事业。它虽然没有伊利亚特,但它的历史上有过十来个伊利亚特式的英雄业绩。这个民族的英雄比诗人创作出了更多更崇高的作品。这个民族虽然没有莎士比亚,但是有丹东,他在断头台上用生命写下的作品可以同莎士比亚的剧作相媲美。法国的历史上,既有幸福的巅峰,又有不幸的深渊。这是一出绝妙的'人间喜剧',每一段历史都是一个新的诗篇,因此可以说法国历史是多个戏剧的总和。"沉睡的历史必须被唤醒,以便为法国人民创作出法国的历史剧。"滋养了多个世纪的精神,还将继续履行其职责,要造就坚强的灵魂,我们必须用全世界的力量来滋养它们。"

罗兰接着说:"是的,应当汲取全世界的力量。因为一个民族的力量,太微小,太微不足道了。"罗兰这时要写的已不仅仅是法兰西的颂歌了,而是整个世界的赞歌。

在120年前,思想自由的席勒就曾说过:"我是以世界公民的身份进行创作的,我早已用全人类替代了我的祖国。"歌德也有这样一句名言:"民族文学已经没有什么可说的了,世界文学的时代正在到来。"

这一名言鼓舞罗兰发出呼吁："我们应当去实现他的预言！我们应当引导法兰西人民认识自己民族的历史，因为这是认识全人类艺术的基础。我们要时刻警惕，切勿排斥其他民族的历史性传奇。我们的首要职责是充分利用本民族的历史宝库，但其他民族的伟大遗产，也应当在我们的剧院占有一席之地。正如克洛茨和托马斯·潘恩曾当选为国民议会的议员一样，席勒、克洛卜·施托克、华盛顿、普里斯特利、边沁、彼斯塔洛奇、科斯秋什科，这些全人类的英雄也应当成为我们的英雄。我们一定会在巴黎创造出欧洲人民的史诗。"

但是，罗兰这一超越了戏剧问题的宣言，却是向欧洲发出的没有任何回应的、无人理会的呼声。尽管在实践它的道路上会困难重重，但要将之付诸行动的坚强意志已经形成。约翰·克利斯朵夫第一次对自己的时代开口说话了。

创 造 者

任务已经确定下来，但由谁去完成呢？罗曼·罗兰用自己的实际行动给出了答案。他所具有的英雄气质不害怕任何失败，他的青春活力不害怕任何艰难险阻。他决心要完成一部法兰西人民自己的史诗。他毫不犹豫地在这拥有百万人口的大都市的冷漠中构筑自己的大厦。在他身上，道德的动力总是胜过艺术的动力，他总感到自己肩负着民族重任。他认为，只有创造性的、英雄主义的理想主义，而不是纯理论上的理想主义，才能创造出真正的理想主义。

主题也很快被找到了。罗兰在大革命这一法兰西人民最伟大的历史时刻中，找到了先辈们所要求的任务。1794年2月2日，公安委员会号召诗人们"歌颂法国革命中最重大的事件，创作共和国的戏剧，让法国复兴的伟大时代千古流芳。同时将有杰出贡献的英雄人物载入史册，这是一个伟大民族的编年史不可或缺的部分，它会让人们永远记得，这一民族曾同欧洲的专制统治进行过艰苦卓绝的斗争而终获自由"。

革命之后的第一个10月，公安委员会要求年轻的诗人"避免以往大行其道，不偏不倚的中庸之道，迈开坚定的步伐迎接伟大的行动"。当时通过这些法令的人有丹东、卡尔诺、库东、罗伯斯庇尔，他们成了民族的楷模、街道上的丰碑、英雄和传奇。现在，由于历史已远去，当时束缚诗人心灵的地方已有了广阔的想象的空间，当代的人们尽可畅想无限，而不会再有以往悲剧的发生。

以往的那些文献都在向诗人和历史学家罗兰发出召唤，同时，他从先辈那里继承的血液中也激荡着这种召唤。他的曾祖父博尼亚德曾经作为"自由的信徒"参加过斗争，他在日记中还描绘过攻陷巴士底狱的情景。半个世纪后，另一位亲戚在克拉姆西的反对政变的起义中被刺死。

罗兰身上既继承有祖先宗教信徒的虔诚，又有着他们作为革命者的狂热。从1792年到现在，100年过去了，他在美好的回忆中，以纯粹的、诗人的热情重新塑造着那个时代伟大的形象。但他想上演"法兰西的伊里亚特"的剧院尚未建立，他既没有导演，又没有演员和观众，而且文学界也没有人信任他。除了信念和意志外，他一无所有。而仅凭着信念的推动，他开始着手《革命悲剧》的创作。

革命悲剧
（1898～1902）

　　罗兰打算将这部"法国人民的伊里亚特"交给未来的人民剧院上演。这一剧集将会像莎士比亚的历史剧一样，在年代上前后承接。

　　后来，他在剧集的序言里写道："我希望这本集子能够表现出一场社会风暴是如何发生和发展的，那初始的波涛是如何从海洋深处升起，又是如何从人们眼前退去，直到在那永恒的海面上逐渐恢复平静的。任何修饰，以及琐碎的逸事情节都不能插入其中来削弱这强有力的节奏……我的主要任务，是尽量避免那些浪漫主义的描写，因为这只会使陈述显得累赘，并使作品失去预期的意义。希望我能够阐明人类为之斗争了整整一个世纪的伟大政治利益和社会利益。"

　　由于席勒最接近人民剧院的这种理想主义风格，所以，如果说罗兰的这一思想中包含着席勒的精神，那罗兰想要创作的便是一部没有艾波莉的《唐·卡洛斯》，没有泰克拉式伤感的《华伦斯坦》。他想要展示的是宏伟的历史，而不是英雄们的奇闻逸事。

　　罗兰还想采用音乐的形式来表现这部戏剧集，它应是一部交响乐，一部英雄交响乐。这首交响乐的前奏曲表现的应是人们享受田园牧歌式生活的场景，以及特利阿农宫中逍遥自在的王公贵族的生活。扑满香粉的女子们脸上点着黑痣，多情的骑士们或调笑逗乐，或高谈阔论。暴风雨将至，他们却全然不觉。风流快活的时光还在继续，伟大帝王的余晖还照耀在凡尔赛花园金色的枯枝败叶上。

罗兰的《7月14日》是一首真正的序曲，它如震天的号角声，迅速掀起滚滚的波涛。《丹东》中产生了具有决定性意义的危机，胜利之时出现了道德上的失败，兄弟间反目成仇。《罗伯斯庇尔》是整个革命衰落的开始。《理智的胜利》和《群狼》分别展现了革命在外省及军队中的瓦解。

为了缓和作品带来的紧张情绪，罗兰在这英雄主义的剧本中插入了一段爱情戏，讲述的是吉伦特党人卢韦的遭遇，他离开比斯开湾的避难所，去巴黎看望他的恋人，因此而成为唯一躲过一场灾难的人。而他所有的朋友，有的惨遭杀戮，有的在逃亡途中成了群狼的口中餐。马拉、圣鞠斯特、亚当·卢克斯这些人在刚提及的剧本中只是偶然被提到，他们会在其他剧作中得到更详细的描述。当然，波拿巴的形象也会在濒临死亡的革命上空升起。

这首以抒情的序曲开始的英雄交响乐还会有一个完满的结尾。暴风雨已过去，在瑞士的索洛图恩附近，法兰西的保皇党人、弑君者、吉伦特派分子，这些敌对的流亡者，在对往昔的回忆中，重新聚集在一起。他们子女间的小小爱情故事，使曾经震撼欧洲的世界风暴，变为一幅和谐、恬静的画面。

但是，在这部规模巨大的剧集中，只完成了《7月14日》、《丹东》、《理性的胜利》和《群狼》这四个剧本。罗兰后来放弃了他的这一宏伟计划，因为文学界、剧院和民众都对此漠不关心。这些悲剧已被人遗忘十多年了，但是罗兰笔下对这一世界预见性的描述，使这个时代认识了自己，也促使罗兰去完成已经开始的庞大的事业。

《7月14日》

《7月14日》是四个已完成的革命剧中的第一本。在这个阶段，革命完全是自发的，没有统一的思想来指导它，也没有领袖来领导它。人民极度紧张的情绪在压抑的氛围中，化为盲目而有力的闪电，击中了巴士底狱，同时也照亮了整个民族的灵魂。这一剧作中的英雄是人民群众自己。

罗兰在前言中写道："个体在人民的汪洋大海中消失了，要表现一场暴风雨，就应当描述浪涛翻滚的海洋，而不必详细描绘每一朵掀起的浪花。不必费心苛求细节的精确，而应注重充满激情的整体的真实……作者寻求的是精神状态上的真实，而不是细枝末节上的真实。"

的确，在这部剧作中，一切都如潮涨潮落，单个的人物就像电影画面一样转瞬即逝。对巴士底狱的进攻并不是一种自觉的、理性的行为，而是狂热的激情冲动下的自发的行动。

正是由于这一原因，《7月14日》才不像是一个剧本，而罗兰也无意于此。罗兰眼前总会不自觉地浮现出国民公会所希望的那种人民的节日，那是一场人民群众载歌载舞的狂欢，是一首豪迈的凯歌，是胜利的庆典。他的作品也不是为剧院的舞台而作，而是希望在露天上演。作品的结构有如一曲交响乐，因此它用欢呼般的合唱作为结尾。

作者在此向作曲者提出了明确的要求："在演出中，无论有多少配角，也无论他们的喧嚣声有多大，都难以填满剧中出现的空白。因此，这一剧本的音乐应该像壁画的底色，既能够表现出狂欢的英雄主义内涵，又能填补中间的空白。音乐大师贝多芬的作品比任何音乐都能够更好地反映革命的热情，所以这音乐应从他的作品中寻求灵感。最主要的是，这首乐曲应当产生于狂热的信仰。如果剧中缺少人民的精神，以及火一般的热情，那么它就不是伟大的作品。"

罗兰想要通过这部剧达到一种迷狂的目的。通常，戏剧总会激发起观众的热情，而与之相反，罗兰想要的不仅仅是激发，还要让剧中的人物与人民融为一体。

这部剧的最后一幕戏中，巴士底狱的攻占者们的台词是面向观众的："推翻压迫，永远团结，以获取永恒的胜利。"这种思想不应当只是引起观众的回响，而应当是从他们自己的心中迸发出来的。"我们永远是兄弟"的呼喊声，应当是由演员与观众共同完成的二声部合唱，因为观众们已被卷入神圣的洪流中。剧中人物与观众应一起沉醉于这欢呼的海洋。本民族过去时代的火种应该播撒在现代人的心田，过去时代的热情应该温暖和激励现代人的思想。

罗兰清楚地意识到，仅靠台词无法达到这样的效果，因此，他转而求助于更高级的魔法，那便是音乐这一永远令人神迷的女神。

然而，在现实生活中，他没有找到理想的观众，也没有找到能满足他要求的音乐家。直到20年后，他才遇见了音乐家杜瓦扬。但1902年3月21日，在热米耶剧院演出时的呐喊，却是徒劳一场。因为尽管他对人民寄予殷切的期望，但是人民却丝毫不理会他的这片苦心。欢乐的颂歌在这拥有百万人口的大都市的机器轰鸣中无声无息地消失了，没引起任何回响。人们已然忘记，是他们的祖辈完成了这些波澜壮阔的事业。而他们的兄弟正在进行着艰苦卓绝的努力，期望能唤起他们的记忆。

《丹东》

（1900）

《丹东》描述了革命的关键时刻，这是一场突变，是革命从高潮走向低落的分水岭和转折点。人民群众的自发运动所创造的一切，被别有用心的人所利用，去实现他们自己的野心。每次思想运动，特别是每场革命与变革，都有这样悲剧性的胜利时刻。政权最终落入那些居心叵测的人手中，革命中建立起的统一的道德标准在接下来的政治斗争中逐渐瓦解，而刚刚夺得自由的人们又不自觉地屈从于控制这一自由的领导者，屈从于这些领导者的个人利益。

这是任何思想运动在取得表象上的胜利时都会经历的时刻。这时，高尚者会黯然神伤，野心家和冷酷的人会扬扬自得，理想主义者则愤然离去。在德雷福斯案中，罗兰也曾看到人们的心灵对同一个东西的不同反应。对罗兰而言，不论是在现实生活，还是文学创作中，他总是站在失败者一边，站在那些认为成功微不足道，思想就是一切的人一边。因为他明白，理想之所以伟大，恰恰在于它的不可实现性。

这样看来，《丹东》应该是一部伟大革命者的戏剧，而不再是一出革命戏剧。剧中各种人物的性格源自于一股神秘的力量，起初这些人物在墨守成规的生活中开始奋起反抗。接着，他们在胜利的陶醉中，在腥风血雨的日子里，又开始了新一轮思想的、个性的、气质的和出身的斗争。

由于没有了残酷的、危险的环境将他们联系在一起，这时，他们开始体会到了彼此间的陌生与差异，而革命危机正是在这革命取得胜利的时刻爆发了。虽然敌军已被击溃，保皇党人和吉伦特派党人已被推翻，但在国民议会中，人们之间相互攻击、矛盾重重。

罗兰对剧中的各种人物进行了精彩的描写。丹东，这位心地善良的巨人，朝气蓬勃、仁慈宽厚、充满热情，但并不好战。他渴望革命，认为那是人类巨大的快乐，但在其中也看到了新的暴政。他讨厌血腥的场面，憎恶断头台上的杀戮，正如耶稣肯定会反感中世纪的宗教裁判所一样。

他这样表达对某些人的厌恶："我厌恶他们，他们令我感到恶心。"他向往自然的、不受理性约束的、顺乎本性的生活。他热爱女性、人民与幸福。当他得到人们的爱戴时，便会感到无边的幸福。他听从自己渴望人类获得自由与公正的本性的呼唤，这促使他赢得了革命，因此人民不自觉地爱戴他。人民在他身上感受到了促使他们冲向巴士底狱的同样的本能，同样狂热的情绪，同样的勇猛无畏。

而罗伯斯庇尔太冷酷、太古板，总是与群众格格不入。但他那教条式的狂热和他不无高尚的野心，成了促使其前进的巨大动力。而丹东对人生的乐趣却在无声无息中消散。当丹东对政治日益反感时，罗伯斯庇尔却在冷酷而专注地逐渐接近权力中心。他的朋友圣鞠斯特，是一位道德的拥护者、公正的使者、天主教徒或加尔文信徒般的固执己见者。他和他的朋友一样，眼里只有理论、法律和新宗教的教条，却忽视了人。他想要的不是丹东所希望的幸福、自由的人类，而是在思想与道德紧紧束缚下的道德社会。

归根结底，丹东与罗伯斯庇尔在胜利顶峰的冲突，是自由与法律，鲜活的生活和僵化的概念之间的冲突。丹东垮台了，他在保卫自己的时候太迟钝、太大意、太人道，但人们可以看到，他也将对手推入了同样的深渊。

由于这部悲剧，罗兰成了一位真正的剧作家。他作品中的抒情成分逐渐减少，其热情逐渐融化在事件的烈火中，他会通过人物内心的发展，以及思想与个性差异的冲突，使矛盾产生。曾在《7月14日》中扮演主角的群众，在这革命的新阶段成了配角。主宰着这个时代脉搏的不再是人民群众的英雄主义本能，而是知识分子强大但不稳定的情绪。

罗兰在《7月14日》中展示的是本民族伟大的力量，这里描写的则是革命胜利后所要面对的永恒的危险，即革命从高潮迅速走向低落的危险。从这个意义上说，《丹东》也是一支催人行动的号角、一剂强化精力的良药。

1900年12月20日，在公民剧院，学生联谊会为工人组织了《丹东》的第二场演出。饶勒斯，一位与丹东一样颇具雄辩才能的人，发表了开幕词，这篇开幕词就是这样向巴黎人民解释这部剧作的。但是，这一开幕词也像罗兰的所有努力与早期的作品一样，很快便被人遗忘了。

《理性的胜利》

《理性的胜利》只是罗兰宏伟壁画的一部分，但却触及了其思想的中心问题。失败的辩证法在这里第一次得到了充分的阐释，它从精神胜利出发，对现实的失败进行了重新的评价，从这一角度来说，失败者也应感到无限的喜悦。

作者早在其童年时代就萌生过这样的想法，并在其后来的经历中不断引起共鸣，这一论点逐渐成为其道德感的核心。吉伦特党人被击败了，但他们仍在某个堡垒中抵抗某些平民的袭击。保皇党人和英国人想要救助他们。他们想要实现精神自由与祖国自由的理想被革命破坏了，法国的人民大众成了他们的敌人，但是保皇党人也是他们的敌人，英国人则不仅是他们的敌人，还是祖国的敌人。

他们的良心面临着严峻的考验：出卖理想，还是出卖祖国；做精神的公民，还是祖国的公民；忠于自己，还是忠于民族。抉择对他们来说太痛苦了。于是，他们准备决一死战，因为他们知道他们的思想将会永垂不朽，一个民族的自由是人们内在自由的体现，任何敌人都无法战胜心灵的自由。

在这里，罗兰第一次郑重宣告了对胜利的敌对态度。法贝尔自豪地说："我们贬损胜利，从而将我们的信仰拯救了出来。而胜利者是胜利的第一个受害者。失败使我们的信仰变得更加成熟，更加圣洁。"德国革命家卢克斯提到了内在自由的益处："如果失败的根源是自由意志的话，那么每一次的失败都是善，而每一次的胜利都是恶。"雨果说："超越了自我的胜利，这便是我的胜利。"

这些走向生命尽头的高尚者们知道，他们是孤独的，他们并不期望有所成就，也并不寄希望于群众。他们明白，人民大众永远不会理解更高意义上的自由，永远无法认清最杰出的人物。

"杰出的人物都会使他们惊恐不安，因为这些人物是世界的使者，因此民众诅咒道：就让这个世界将他们烧毁吧！"对这些高尚者来说，只有理想是他们的归宿，只有自由是他们的领地，只有未来是他们的世界。虽然他们从暴君手里拯救了祖国，但现在他们必须再次保卫它，与那些民族败类，无视自由的流氓们的贪权和复仇欲做斗争。

剧中还有意描写了严肃的民族主义者，他们要求个人为祖国献出包括信仰、自由和理性在内的一切。作品故意通过一个无套裤汉——奥布尔丹这一平民形象，刻画了这些死抱住"祖国"思想不放的顽固分子。在这个无套裤汉眼中，除了"叛徒"便是"爱国者"。他们用自己的信仰和偏执把这个世界弄得四分五裂。当然这种力量和偏见往往会取得胜利，但是，这种将人民从敌人手中拯救出来的力量，同时也扼杀了人民中的最优秀者。

颂扬自由的人们和具有伟大思想的英雄的赞歌已被唱起。曾在《艾尔特》中涉及的问题，如今已在思想上成形了。美因茨俱乐部成员亚当·卢克斯，带着满腔热血投奔法国，希望为自由而生，而这个自由却将他推上了断头台。他是第一位来自约翰·克利斯朵夫国度的，为人们带来那个国家消息的人，也是第一位为自己的理想殉道的人。自由人为保卫自己心中永恒的祖国的斗争开始了，在这场战争中，失败者总是胜利者，孤独者总是最强者。

《群狼》
（1898）

《理性的胜利》将一个关键性的问题摆在了有良知的人面前：选择祖国还是选择自由，选择民族的利益还是选择超越民族的精神。《群狼》也提出了相似的问题：选择祖国还是选择正义。

《丹东》已提到过这个问题。罗伯斯庇尔及其信徒决定处死丹东，他们要求立即逮捕他并宣判。丹东的死敌圣鞠斯特并不反对控告，但他要求按照法律程序进行。而罗伯斯庇尔心里明白，拖延时间就意味着丹东的胜利。他坚持不去遵循法律，因为对他来说，祖国高于法律。有人喊道："不惜一切代价去夺取胜利。"还有人喊道："对一个人判决的公正与否，都无关紧要，只要祖国能得救。"圣鞠斯特在这些言论面前做出了让步，他为了政治牺牲了荣誉，为了祖国牺牲了法律。

《群狼》展现了悲剧的另一面。

罗兰在剧中塑造了这样一位人物，他情愿牺牲自己，也不愿牺牲法律，他同《理性的胜利》中的法贝尔有着同样的信念，他相信"一次的不公正，便是整个世界不公正的根源"。

他和《理性的胜利》中的另一位英雄一样，认为无论"公正是胜利还是失败，让人无法忍受的则是对公正的放弃"。学者特利耶知道，他的敌人杜瓦永受到了不公正的指控，他为其辩护，虽然他心里明白，他无法从革命士兵的爱国主义仇恨中解救他，因为这些士兵眼中唯一的依据便是胜利。但是，无论多么危险，他也要坚守这古老的真理："哪怕世界毁灭，也要进行公正的判决。"他宁愿放弃生命，也不愿放弃正义。"曾一度看重真理的人，现在又要否定它，那是极度痛苦的。"但是其他更强大的人，他们用武装斗争取得了胜利。"让我的名字遭万人唾弃吧，只要祖国得救。"凯内尔如是说。爱国主义与群众的信念战胜了理性的英雄主义，战胜了对公正的信仰。

在战争年代，在祖国遭遇危机的年代，只要既是思想自由者又是唯命是从的公民的人，都难免要面临着一场永恒的冲突。罗兰的这部悲剧展现的正是这一冲突。在《群狼》中，罗兰巧妙地将当时的德雷福斯案移植进来，因为这个案件向每个人提出了一个问题：什么最重要，是正义还是民族利益？

这部革命悲剧中有一个贵族，他的原型是犹太人德雷福斯，他被描述成一个不被人信任的并遭人憎恶的社会阶层的代表。与他共同战斗的，以皮卡尔为原型的人物特利耶，一直与法国总参谋部抗争，那些参谋部的将军们宁愿选择不公正，也不愿使军队的名声与人们对它的信任遭到任何的不良影响。

在这个军事题材的悲剧中，震动了整个法国上至总统，下至工人的事件，被浓缩后移入了这一范围狭小但个性鲜明生动的戏剧中。

该剧在劳动剧院演出时，引发了一场不可抑制的政治示威。这场轰动世界的事件的主要参与者，无辜者的辩护人，左拉、舍列尔·柯斯特纳、贝玑和皮卡尔，也来到剧院观看了这台有自己身影的戏剧。罗兰用圣鞠斯特这一笔名发表了这部作品。他从这桩案件中，从这场激烈的政治斗争中汲取了精神实质与道德精华。更重要的是，这场诉讼案的确对法兰西人们起到了很大的净化作用。

罗兰使这一诉讼案第一次走出历史进入现代生活，目的就是在暂时的现象中找到并拯救永恒，反对大众扭曲的心理，捍卫思想的自由，为英雄辩护。他坚守着心中的最高准则——自己的良心。

无果的呼吁

可这种对民众的呼吁毫无结果，每个剧本也只能在舞台上演出几个晚上，并经常在演出的第二天，遭遇恶意的批评与群众的冷漠。朋友们为建"人民剧院"所做的努力同样没有结果。他们曾向内阁呼吁，建造一个巴黎人民剧院，但内阁的态度使他们的热情逐渐消散。

阿德林·伯恩海姆先生曾被派往柏林作调查，之后他向上级做了汇报，接着便是无休止的汇报和讨论，最后这美好的构想便在成堆的文件中无声无息地消失了。当时，法国剧作家罗思丹和伯恩斯坦仍占据着统治地位。人民像潮水一般涌进剧院，却无一人关注过追求理想主义的伟大呼声。

那么，现在这些宏伟的作品为谁而作？当自己的民族已然沉默，那又是为哪个民族而作？"革命剧"还未完成。《丹东》的姊妹篇《罗伯斯庇尔》虽然还没有收尾，但已经有了大体的轮廓。原计划的宏大剧作集仿佛坍塌的柱石一般。成堆的草稿、笔记、纸张和写满字的本子，都成了这个宏伟大厦的断垣残片。这幢宏伟的大厦原本是要将法国人民聚集在精神的万神殿中，以发展英雄主义，创造真正的法兰西戏剧。此刻的罗兰大概与歌德深有同感。

当年，歌德在悲伤地想起他的戏剧之梦时，对艾克曼说："我的确梦想过建一座德国剧院，哪怕自己只为此尽一点绵薄之力……但是一切照旧，什么也没有发生。如果能得到一些回应、掌声和鼓励，说不定我会写出一打类似《伊菲格尼亚》和《塔索》的作品。其实材料并不缺乏，缺乏的只是用精神和生命演出它们的演员，和用心去聆听、去感受它们的观众。"

对民众的呼吁声消散在空中，"毫无结果，一切依旧"。但罗兰之所以是罗兰，那是因为他永远从一部作品走向另一部作品，跌倒后也没有丝毫抱怨，而是继续奔向更高、更新的目标，正如里尔克所说："永远去做更伟大的战败者。"

《总有一天》

（1902）

时代又一次引诱罗兰进行戏剧形式的创作。这一年他写的一部不太成功的作品《蒙太斯潘》不算在他的系列剧之列。像在德雷福斯案中一样，他想再一次从政治事件中探究道德的实质，将大众关心的问题提升到良心冲突的高度。布尔战争只是一个借口，正如革命在他的剧作中只是精神的舞台一样，实际上罗兰的悲剧剧作是在他自己承认的良心——这个永恒的法庭前演出的，是在个人的和全世界的良心面前演出的。

《总有一天》谈到了信仰与责任，文明与人道，民族的人与自由人之间的冲突。这是一部有关良知的战争剧。《理性的胜利》提出的是，选择自由还是祖国。《群狼》提出的是，选择正义还是祖国。而这个剧本中提出的问题又上升了一个高度，选择"听从良心，这一永恒的真理，还是听从祖国"。

剧中除主人公之外的一个主要人物，是侵略军统帅克利福德，他正在进行一场非正义的战争（什么战争算是正义的呢），他是用军事知识，而非良心指挥这场战争的。他清楚，没有仇恨便不能进行一场真正的战争，而历经沧桑的他心中已经没有了仇恨。他知道，只有用谎言欺骗人们去战争，只有使他们的人格受辱，才能促使他们去杀戮。

"应该服从祖国，还是自己的良心？他必须做出艰难的抉择。"不背叛自己的良心，就无法取得胜利；不取得胜利，就无法当统帅。虽然他蔑视暴力，但又不得不使用暴力，这是他的义务。他想要做一个有思想的人，但又无法做一个有人性的战士。

他无望地想在残酷的命令中减少一点血腥味。他当然知道，"罪行虽分轻重，但仍是罪行"。

这个悲剧人物最终没能战胜自己，他不得不屈从于命运的安排。在他周围还聚集着另外一些个性鲜明的形象：玩世不恭者，一味追求赤裸裸的国家利益的人，好斗的武夫，麻木的服从者，无视一切痛苦却把别人的悲剧当做演出来欣赏的伤感的唯美主义者。而在这些人身后，却是人类的谎言和所谓的文明，这所谓的文明只是为一切罪行辩护，并在坟墓上建造工厂的巧辩的说辞。剧本扉页上控诉的正是这种文明。

剧中真正的主人公，一位是自由人，意大利志愿者，为保卫自由而卷入战争的世界公民；另一位是苏格兰农民，他放下武器时说："我不再杀戮。"这两个人没有祖国，他们将良心与人性视为自己的祖国。他们不相信命运，除了作为自由人的自己所创造的命运。

罗兰总是和这些战败者站在一起的，他发自内心地呼喊："哪里自由受到威胁，哪里就是我的祖国。"艾尔特、圣路易、胡戈特、吉伦特党人、陶利尔，以及《群狼》中的英雄，都是罗兰思想上的兄弟，他信念的孩子，这种信念是他思想中，比时间更有力、更持久的存在。他的这种信念还在不断地、自由地发展。在早期的剧作中，他还在向法兰西发出呼吁，而在这最后的剧本中，他已经成长为一位世界公民。

剧 作 家

罗兰的剧作，就其规模来说，与莎士比亚、席勒或黑贝尔的作品一样地宏伟，并且极具舞台魅力（罗兰的剧本在目前德国的演出已证明了这一点）。但事实是，他的作品在 20 年的时间里无人理会。这一事实除了某种偶然性外，应该还有更深层次的原因。

在作品所产生的影响与作品本身之间总存在某种神秘的联系，它或者会极其迅速地将作品变成一粒掉进火药桶中的火星，或者会用重重障碍阻止作品的进一步发展。一部作品只有与其影响在一起才能够完整地反映一个时代。

罗兰的剧作内容肯定在某些地方并不符合他所处的时代的要求。事实上，这些作品就是在有意要对抗当时流行的、占统治地位的文学风气的情况下写的。当时的自然主义对现实生活细小琐碎的描述，统治和压抑着整个时代。

罗兰想要超越那不确定的现实生活，去追求宏伟的目标、永恒的理想、丰富的想象、自由的情感及坚强的意志。他既是浪漫主义者，又是理想主义者。他认为现实生活中的权力、贫穷、暴力和情欲是不值得书写的。作家应该描写超越它们的精神，与能将普通的一天变为永恒的伟大的理想。

如果别人描写的是最真实的日常生活，那么他要写的却是超越生活的、崇高的、英雄主义的、从天堂进入尘世的永恒核心。他向往的不是现实的生活，而是精神与意志在自由中创造的生活。

罗兰从不否认其悲剧的创作导师，莎士比亚是他的第一个信使，他激起了罗兰创作的欲望，他是无人能够替代的。罗兰感激他给了自己炽热的情感以及一些辩证的力量。但他还要感谢另一位鲜为人知的大师恩斯特·勒南，他擅长写哲学方面的作品，他的《卓阿尔的女修道院长》对这位年轻人产生过决定性的影响。

他不用论文或柏拉图对话的形式，而是用戏剧的形式，来表现思想问题。他曾亲切接待过这个年轻的大学生。这位伟大的哲人对事物持有一些嘲讽的和敌意的怀疑态度。他认为，一切人类的行动只是永远更新的幻想。

罗兰在他的这种嘲讽和怀疑精神中加进了理想主义的热情。这位有着坚定信仰的人，还从审慎的怀疑论大师那里借用艺术形式，的确是一种不常见的现象。罗兰将勒南笔下使人麻痹的东西变得积极而有力。当勒南为了明智、冷静的真理而撕去神圣传说的面罩时，罗兰却以革命者的热情力求创造新的神话传说，那便是另一个英雄主义，一个新的燃烧着的良心。

在罗兰的剧作中，一直保留着其思想的框架。任何舞台活动与文化色彩都无法将其掩盖。他不会通过情感，而只通过理性与思想去展现事件的核心。甚至对罗伯斯庇尔、丹东、圣鞠斯特、德穆兰这样的历史人物，罗兰除了刻画其性格外，还在他们身上融入了更多的思想与理念。

但使他的戏剧与时代格格不入的，不是其戏剧创作的形式，而是他提出问题的方式。当时占领着世界舞台的易卜生，是一位理论家，更确切地说，是一位会计和数学家。他和斯特林堡一样，不仅要列出自然力量的方程式，还要证明这些方程式。

在对思想的表现方面，他们要超出罗兰许多。他们有意识地宣传自己的思想，而罗兰却让其思想在矛盾的发展中自然呈现。他们努力地说服观众，而罗兰却要用思想的推动力催人前进。他们追求一定的舞台效果，而罗兰追求的却是更广泛的效果，那就是激情。

在资产阶级的世界里，易卜生和法国戏剧表现的是男女冲突，而斯特林堡表现的则是两性的对立。他们所要对抗的是传统的、社会的虚伪。因此，作为资产阶级精神舞台的剧院还需要易卜生数学家般的冷静、斯特林堡深刻的分析，以及那些追求别样的舞台效果的剧作家。因为剧场始终是资产阶级世界中的世界。

然而，罗兰剧作中提及的问题，一开始就遭到了资产阶级观众的冷遇。因为他展现的是政治的、理想主义的、英雄主义的和革命的主题。他澎湃的情感绕过了两性冲突。他的戏剧遭受漠视的原因就是没有色情描写。他创造了"政治剧"这一新类型的戏剧。因为在埃尔福特，拿破仑曾对歌德说："政治，这是我们现代人的命运。"罗兰这个悲剧家总是让剧中人物同强大的力量对立，让他们在斗争中变得伟大。

在古希腊罗马戏剧中，这些强大的力量经常是诸神的愤怒、魔鬼的妒忌、高深莫测的神谕，面对这一切，俄狄浦斯昂起戳瞎了双眼的头颅，普罗米修斯举起他上了镣铐的拳头，菲洛杰特挺起火热的胸膛。对现代人来说，这些强大的力量便是国家、政治、群众的命运和巨大而无情的思想风暴。世界的命运对个体的存在也起着举足轻重的作用。而对个体的信念与思想影响最大的则是战争，因此罗兰所有的剧作都是以战争为背景的。

希腊人对诸神的认识来源于神的愤怒，同样，我们对祖国这个阴森可怕的神的认识来源于战争。如果不遭受命运的打击，人们很少会想到这些强大的势力。人们总是忽视这些力量，而它们也在暗地里静静地等待，以便有朝一日在人们身上展现其威力。

因此，这种悲剧不会发生在清静太平的年代。试想，当那些巴黎大街上习惯了私通故事的公众听到"服从祖国，还是服从正义？在战争中，应该听从命令还是自己的良心"时，他们会想，这算什么问题，简直是胡言乱语，与他们毫无关系，而实际上，这却是对他们预先的警告。

罗兰在其剧作中表现出的思想总是远远地超过同时代人，这正是其伟大之处。他在剧作中，能够将政治事件中的思想因素用巨大的象征表现出来。

《艾尔特》中压抑的气氛，吉伦特党人两派之间的冲突，这些东西难道我们后来没有体验过吗？1914 年以来，对我们来说，有什么比自由人的、世界公民的理想和他同胞们的幻想之间的冲突更重要呢？罗兰的那些被人遗忘的悲剧，当时无人理会，后来又处于《约翰·克利斯朵夫》的阴影之下。

但是，在过去的 10 年中，又有哪部作品能像它们一样，向我们不安的思想展示出伟大的人道精神呢？在和平年代，这些被遗忘的剧作的目标仍然是未来。当初那些舞台的建设者们轻蔑地扔掉的这块大石头，也许会成为英雄主义戏剧大厦的基石。像这样的未来剧院，我们这位作家富有创造性的灵魂早就在孤独中设想过了，它将属于所有自由的人民。

名人传记

来自深渊

在罗兰早期的作品中，他歌颂激情，认为那是个人的最高力量和每个民族创造的灵魂。他认为，只有燃烧着思想火焰的人，才称得上是真正的、活生生的人。而对于民族来说也一样，只有在强烈的信仰中团结起来的民族，才具有了灵魂。在青年时代，他就希望通过自己的作品，在这个疲惫、萎靡、丧失意志的时代唤起这种信仰。后来，这位已过而立之年的理想主义者想要用激情来拯救世界。

无望的愿望，徒劳的行动。10 年，15 年，这些数字从嘴里说出来是多么容易，可心灵却要承受无边的痛苦，时间就这样白白流逝，火热的激情逐渐被失望吞没。"人民剧院"被迫关门了，剧本成了一堆废纸。

"一切都没有改变，一切都在原地踏步。"朋友们已各奔前程，他的同龄人都已成名成家，而罗兰还是一个刚刚上路的新手。可以说，他创作得越多，就越被人遗忘。他的理想没有一个得到实现。人们依旧波澜不惊地、昏昏沉沉地生活。这个世界需要的是利益和钱财，而不是信仰和精神的力量。

他的内心生活也出现了危机，一度幸福的婚姻破裂了，这位30岁的艺术家的灵魂受到了最深的伤害。而对这几年的悲惨遭遇，罗兰绝口不提。一切的努力均告失败，于是他完全隐退到了孤独中。那间窄小的斗室成了他的全部世界，工作是他最大的安慰。然而虽然被世界抛弃，他依然没有忘记救助全人类的责任。

在那段孤苦的岁月里，罗兰翻阅了大量的书籍。如果一个人在众人的喧闹声中总是能听到自己的声音，那他只会感到痛苦与孤独。

他详尽研究了艺术家们的生平，结果发现："越是深入这些伟大者的内心，就越会更多地看到他们生活中的痛苦与不幸。作为生活在这个世界上的人，他们不可避免地会遇到常见的考验与失望，这使得他们超越常人的敏感心灵备受打击。他们的天赋使其超越了同时代人20年、50年，甚至几百年，因此他们成了与时代格格不入的人，遭受着大众的冷遇，他们只能绝望地辛勤劳作。他们几乎无法维持自己日常的生活，更别提取得胜利了。"

可以说，这些受人仰视的强者，孤独人的永恒的安慰者，却也是"世界的胜利者和不幸的战败者"。一条无形的、痛苦的锁链，穿越数个世纪，将罗兰与他们的命运连成了一个悲剧性的统一体。托尔斯泰在给他的信中曾说过："真正的艺术家永远不会是心满意足、饱食终日的享受者。他们每个人都是一名拉撒路（一个满身生疮的乞丐，生前受尽苦难，死后进了天堂），忍受着无尽的苦难。因此，越是伟大的人，经历的痛苦就越多。反之，承受的痛苦越多，他就越伟大。"

罗兰意识到，还有另外一种比他在作品中颂扬的那种行动的伟大更深沉的伟大，那就是痛苦的伟大。这时的罗兰，从这种最痛苦的认识中获得了新的信仰，绝望的情绪又一次得到了鼓舞。作为受难者，他向世界上所有的受难者致意。他想向所有的孤独者展示痛苦的伟大和意义，以让他们之间建立起友谊。同样在这里，在这个新的领域，他试图以伟大人物的事例来联合所有人。

"生活是艰辛的，对无法忍受平庸的人而言，生活就是一场接一场的斗争。在多半情况下，这种斗争都是在孤独和沉默中进行的，无人注意的，毫无幸福的悲惨斗争。这些人生活困顿，为家事所累，所做的工作枯燥乏味，令人绝望，空耗着人的精力。生活对他们而言，毫无乐趣，毫无希望。孤独的生活甚至让他们无法去帮助其他不幸的兄弟们。"

于是，罗兰希望架起一座连接人与人，痛苦与痛苦之间的桥梁。以便让大众了解那些用自己的痛苦造福于子孙后代的人。正如卡莱尔所说："在各个时代，那些将伟人与常人联系起来的神圣血统关系更加清晰可见。"千百万的孤独者有着一个共同的特点，那就是，即使忍受着巨大的痛苦与折磨，也从未放弃对生活的信心，相反，他们通过自己的苦难，向所有人证明了生命的意义。

他这样写道："不幸者莫要怨天尤人，因为人类最优秀的人物就在你们身边，让我们从他们身上汲取力量，变得坚强。当我们感觉虚弱时，可以栖息在他们身旁。他们会抚慰我们。他们身上总是源源不断地涌出真诚的力量与强大的善意。我们甚至无须阅读他们的著作，无须听到他们的声音，而仅从他们的目光中和他们的存在中就能感受到。从来没有一种生活比痛苦中的生活更伟大，更丰富，更幸福。"

为了激励自己，也是为了安慰仍处于痛苦中的弟兄们，罗兰写下了《名人传记》。

痛苦中的英雄们

同他创作革命剧时一样，这部新的戏剧集《名人传记》也以一篇宣言开始，呼唤人们去创造伟大。《贝多芬》中的序言如同催人前进的旗帜，他写道："我们周围的空气令人窒息，古老的欧洲在沉闷、污浊的空气中呻吟。毫无伟大可言的物质主义压抑着人们的思想……世界在不择手段和斤斤计较的利己主义中奄奄一息，日渐衰竭。打开窗户吧，让自由新鲜的空气进来，让我们呼吸英雄们的伟大气息吧！"

那么，罗兰所说的英雄是怎样的人物呢？不是那些发动群众、领导群众、赢得革命与战争的人，也不是那些实干家和拥有毁灭性思想的人。他已认识到任何集体的活动都毫无意义，罗兰在自己的剧作中也已体现出了这种思想，他认为，思想就像面包一样无法让人们共享，它往往会在人的大脑与血液中转化成与其对立的其他形式，这便是思想的悲剧。在他看来，真正的伟大是孤独，是个人同无形的阻力间的斗争。

"我所说的英雄，是那些具有伟大灵魂的人，而不是靠自己的思想或权力取胜的人。有位伟人（托尔斯泰）说过：除了善，我不知道还有什么能代表卓越。如果没有伟大的行动，就没有伟大的人、没有伟大的艺术家，也没有伟大的行动者。有的不过是随着时间的流逝而被时代抛弃的大众顶礼膜拜的偶像……因此关键不在于显得伟大，而在于成为伟大。"

由此看来，英雄并不是为生活的某一个目标而战，为赢得某一项成就而战，而是为全人类、为生命本身而战。若谁因害怕孤独而逃避战争，那他就是战败者。若谁为了逃避痛苦，而巧妙地遮蔽整个世界的悲剧，那他就是谎言家。只有诚实的人才懂得真正的英雄主义。他愤怒地喊道："我憎恨懦弱的理想主义，它从不关心悲惨的生活和虚弱的灵魂。然而我们正需要大声地告诉人们，尤其是容易被花言巧语欺骗的人们：英雄主义的谎言是怯懦的表现。世上只有一种英雄主义，那就是认识生活，并热爱生活。"

苦难是对伟人必要的考验，是对纯洁性的必要的过滤。用约翰内斯·埃克哈特的话来说，是"奔向完美境界的最快速的途径"。正如艺术是痛苦的试金石一样，只有在痛苦中才能获得对艺术以及其他一切事物的认识，只有在痛苦中才能看到艺术在经历了数个世纪后变成比死神更强大的力量。

对伟人来说，切身的痛苦会变成对人生的感悟，而这种感悟又会变成强烈的情感力量。但是，伟大并非来源于痛苦本身，而是来源于对痛苦的克服。那些屈服于尘世压迫，或是逃避痛苦的人，必会成为失败者，这样一来，他那高雅的艺术品就会显示出由于挫败而留下的裂痕。而只有从苦难中奋起的人，才能将其思想带上精神的巅峰，只有经过炼狱才能走上通往天堂的道路。这条道路，需要每个人独自寻找，但谁能在这条路上勇往直前，谁就是领袖，领导他人步入自己的世界。

"伟大的灵魂就像高耸的山峰。尽管饱受狂风暴雨的侵袭，云雾的遮蔽，但是只有在这里才能更尽情地呼吸。这里的空气清新，它能将污渍从胸中一洗而净。而当乌云散去，便能深情地俯视伟大的人类。"

罗兰希望用这种思想指引那些仍在黑暗中遭受痛苦的人们。

他想让他们看到，在那巅峰之上，英雄们如何与异常剧烈的痛苦做斗争。颂歌在"振奋我们的心灵"的呼声中拉开序幕，又在对受苦的崇高形象的赞美声中拉下帷幕。

贝 多 芬

贝多芬是无形庙堂上的第一尊英雄雕像，是大师中的大师。早在童年时代，当亲爱的母亲教他用手指在琴键奇妙的森林里漫游时，贝多芬就成了罗曼·罗兰心目中的老师和劝慰者。虽然童年时代的爱好时有变动，但贝多芬始终陪伴在他左右："少年时代的我一度陷于怀疑与消沉的情绪中，是一支贝多芬的旋律让我重新燃起了生命之火，时至今日它仍时时在我心中回响。"这个虔诚的学生逐渐萌生出一个愿望，去了解这位神明的尘世生活。

罗兰先去了维也纳，拜访了"黑色西班牙人小屋"（如今已拆除），就是在这里，在风雨大作的一天，那位天才的艺术家永远离开了人世。然后，他去了美因茨，在那里参加了贝多芬文艺节（1901），并去波恩参观了这位拯救了语言中的语言的大师的出生地，一间低矮的阁楼。所到之处，无不使他感到震惊，不朽的财富竟然产生于如此狭隘的生存空间。

从各种信件与文件中，罗兰看到了贝多芬悲惨的日常生活。为了避开这种生活，这位耳聋的音乐家让自己沉入无尽的音乐中。在惊愕当中，罗兰逐渐理解了生活在我们这个平淡、残酷、动荡的世界里的"悲哀的狄俄尼索斯"（指贝多芬）的伟大之处。

罗兰就波恩贝多芬文艺节写了一篇题为《纪念贝多芬》的文章，发表在《巴黎评论》上。但他感到仅凭评论性文章来表达自己的激情是远远不够的。他要向全人类介绍这位英雄人物，告诉人们，当痛苦达到极限时，这位伟人留给后人的却是第九交响曲那最崇高的人类颂歌。

罗兰饱含激情地在传记的开头写道："别人对贝多芬这位伟大的艺术家的赞誉已经够多了。但他不仅仅是一位杰出的音乐家，他还是现代艺术的英雄人物，是一切正处于苦难中的和战斗着的人们最伟大的朋友。当我们为世间的痛苦伤心难过时，他来到我们身边，默默弹奏一曲如泣如诉的悲歌，以示安慰。当人们对与不良现象的徒劳斗争感到厌倦时，畅游在这意志与纯净的音乐海洋中，是多么幸福。

它带给人们的是精神奋发的感染力量，斗争的幸福感，以及感到上帝存在于自己内心的陶醉感。当这个不幸的、身无分文的、疾病缠身的、孤苦伶仃的、被剥夺了欢乐而成为痛苦的化身的人，自己创造了欢乐，并把这种欢乐赋予世界的时候，还有哪种胜利能与之相比呢？还有哪次波拿巴的战役、哪次奥斯特里茨的阳光能与这超人的努力所取得的荣耀相比。

他将自己的痛苦转化为欢乐，他曾骄傲地说：'从痛苦中得到欢乐。'这句话是对他一生的写照，并成了所有英雄人物的座右铭。"

罗兰对自己所仰慕的人就是这种态度。接着罗兰告诉人们，当翻开这位艺术家的遗嘱时，他发现在这个遗嘱中，这位大师向后人坦诚了一件当时对同代人难以启齿的事，那就是他极度地痛苦。罗兰揭示了这位无信仰大师的信仰，那就是他的善良，虽然他曾竭力用假装的粗鲁加以掩饰。罗兰的这部传记使新的一代对贝多芬的人道主义感觉到了从未有过的亲切，这位孤独者的英雄主义也从未像现在这样鼓舞了如此众多的人。

不可思议的是，那些苦难中的兄弟虽然遍布世界各地，但是他们都得到了这一消息。虽然这一传记没有取得文学上的成就，报刊对它保持沉默，学术界也对它熟视无睹，但是素不相识的陌生人却从中感到了幸福。他们争相传看，一种神秘的感激之情第一次将他们聚集在罗兰这个名字周围。苦难深重的人们从这些文字中感受到了真诚的安慰，深切的同情与善意。

《贝多芬传》面世后，罗兰虽然还没有获得任何的成功，但他已经得到了更多的东西，那就是他拥有了自己的读者群与追随者，他们密切关注着他的作品，并成了第一批陪伴约翰·克利斯朵夫迈向成功的人。这是他的第一个成就，同时也是《半月丛刊》的第一个成就。人们对这份不起眼的杂志的需求量突然增加，使之第一次不得不再版。夏尔·贝玑感慨地说，这份杂志是对伟大而无名的受难者贝尔·纳拉扎尔临终前最好的安慰，它的出版确实是"道德的启示"。

至此，罗曼·罗兰的理想主义第一次对人们产生了影响。

在与孤独所做的斗争中，罗兰取得了初次的胜利。罗兰感觉到黑暗中有许多不见其身影的受难中的兄弟，正在等待自己开口说话。只有处于苦难中的人才能体味出痛苦的含义，这样的人真是不胜枚举。于是，罗兰想向他们介绍另一些伟大的人，他们忍受着另一种痛苦，并以另一种方式来克服这种痛苦。一些伟人满怀着力量与意志，他们从遥远的过去注视着他，他满怀对他们的敬仰，走近他们并进入了他们的生活。

米开朗琪罗

在罗曼·罗兰的眼里，贝多芬是一位纯洁的、能够战胜痛苦的人。他似乎生来就负有向人们展示生活的美的使命。但是命运却毁掉了他宝贵的听力器官，将这位生性乐意与人交往的人抛入了无声的地狱。但是，虽然没有了听觉，他却为自己找到了一种新的语言，为他人创作欢乐的颂歌，这使他在黑暗中看到了光明。

不过，肉体的痛苦只是英雄主义的意志需要去克服的痛苦中的一种，"痛苦是无穷尽的，有时他来自天命的安排，如疾病、不幸和命运的不公；有时是出于人自身的原因，因为人无法选择自己的天性，现实生活是不可能按要求与希望来安排的"。

这也是米开朗琪罗的悲剧所在。从他出生那一刻起，不幸与痛苦便伴随其左右，像蛀虫一样一直啃食他的心灵达 80 年之久，直到他离开人世。忧郁是他全部情感的基调，他永远不会像贝多芬那样从内心深处发出清亮动听的声音。但他之所以伟大，便在于他将痛苦像十字架一样背负起来，像希绪弗斯一样永远推着石头，永不停歇。他已厌倦了生活，但在工作面前却永远不知疲倦。他将所有的痛苦情绪都敲进默默忍受的岩石，将它们变成了艺术品。

在罗兰眼中，米开朗琪罗是一位伟大的天才，是一位基督徒、一位受难者。但他的痛苦中也有缺点，那就是软弱，但丁在《地狱篇》中诅咒过这种"听任自己肆意悲伤"的软弱。作为一个人，他是值得同情的，但却像是一个精神有缺陷的人在接受怜悯，因为这里产生了"英雄主义的天才与缺乏英雄主义的意志"之间的矛盾。

贝多芬是一位艺术家，但更是一位英雄艺术家。米开朗琪罗是一位艺术家，但是抛开他的艺术家身份，他却是一个失败者。他从不主动追求爱，因此也就得不到爱；因为从不要求快乐，所以也就得不到快乐。他从不与自己的忧郁做斗争，反而任其发展，将它当作玩物，他享受着它，说："忧郁是我的快乐，万千的快乐也抵不上一丝的痛苦。"他手握斧头，为阴暗的生命之路开辟了一条光明大道。这的确是他的伟大之所在，他引导着人们走向永恒。

罗兰也确实感受得到米开朗琪罗身上的这种伟大的英雄主义，但深陷苦难中的人们却不能从中得到抚慰。因为这里还缺乏战胜痛苦的关键，那就是信仰。罗兰赞赏米开朗琪罗的作品和高尚的忧郁，但却带着暗暗的同情。而对贝多芬的颂扬，他却是满怀崇敬的激情。

贝多芬有着自由的思想，就宗教而言，他看到的是宗教积极的一面，如帮助人类、颂扬崇高等，所以他憎恨那些与人为敌、放弃生命的做法。而米开朗琪罗的例子只是说明，世俗的人究竟能忍受多大的痛苦。他的形象的确是伟大的，但是却是一种警示性的伟大。他虽然用自己的方式战胜了痛苦，虽然是获胜者，但是只能算半个胜利者。因为仅仅忍受生活的痛苦是不够的，还必须"认识生活，并热爱生活"，这才是真正的英雄主义。

托尔斯泰

在前两部传记中，罗兰热情地讴歌了贝多芬和米开朗琪罗，这是力量的颂歌，是英雄主义的召唤。而几年之后为托尔斯泰写的传记却语调低沉，像是一首安魂曲、一首哀歌、一曲死亡之歌。当时罗兰遭遇车祸，在死亡线上挣扎，身体尚未恢复便听到了自己敬爱的导师的死讯。在他看来，这一消息蕴含着伟大的意义与崇高的警示。

罗兰在书中将托尔斯泰描写成第三种英雄主义痛苦的典型。

贝多芬正当盛年时失去听觉，米开朗琪罗的痛苦与生俱来，托尔斯泰则是凭自己自由自觉的意志安排了自己的命运。托尔斯泰健康、富有、独立、显贵，有自己的田庄和宅院，有妻子儿女，这一切都表明了他生活的顺利与富足。

但是，这位本可以安享生活的人，开始怀疑自己生活的正当性。让他备感折磨的是他的良心，而他对真理狂热的追求成了附在他身上的魔鬼。平庸者追求的无忧无虑的生活，称不上是真正的幸福，因此他坚决地放弃了这种生活。他像苦行僧一般将怀疑的尖刺扎进了自己的胸中，并在痛苦中赞美着它："当对自己不满时，应该感激上帝。生命的最根本的标志，便是生活与它应当表现的形式之间的矛盾，这是一切善的前提条件。对一切感到满足，是绝对错误的。"

在罗兰看来，正是由于有这种冲突，才有了真正的托尔斯泰。因为在罗兰的眼中，只有战斗着的人才称得上是真正生机勃勃的人。米开朗琪罗认为神的生活高于尘世的生活，而托尔斯泰则认为真实的生活才是真正的生活。为了获得这种实际的生活，他毁掉了自己的安宁。

这位欧洲最著名的艺术家放弃了自己的艺术，就像骑士扔掉了自己的宝剑一样，独自走上忏悔之路。他还挣脱了家庭的锁链，日夜在偏执的怀疑中消耗着自己的生命，破坏着自己的宁静，直到生命的最后一刻也没有停歇，以此来求得良心的安宁。他是一位为无形之物而战的战士，这些无形的存在，如幸福、欢乐和上帝的昭示，比语言有更丰富的表达能力。

他是一位为最后的真理而战的战士，而这一真理，他却无法同其他人分享。

这位英雄的斗争，同贝多芬与米开朗琪罗一样，也是在绝望的孤独与真空中进行的。他的妻子、儿女、朋友、敌人，没有一个人理解他，都将他当做异类，感觉他像堂吉·诃德一样，在与看不见的敌人斗争，其实他们不知道，那个敌人正是他自己。无人能安慰他，无人能帮助他，为了能独自死去，他不得不在一个寒冷的冬夜逃离自己富裕的家，像乞丐那样死于路旁。在众人仰慕的最高境界的巅峰，永远都是刺骨的寒风，那便是孤独。那些为人民大众创作的人，自己却是孤独一生，他们就像被钉在十字架上的救世主，为自己的信仰与全人类受苦。

未完成的传记

早在第一本传记《贝多芬传》的封面上，罗兰就预告将有一系列的英雄传记问世。如伟大的革命者马志尼，多年来罗兰已经在玛尔维达·封·梅森堡的帮助下收集了有关他的大量资料；另外还有法国大革命时期的英雄奥什将军，以及勇敢的空想主义者托马斯·潘恩等。

罗兰原计划要为更广泛的思想家立传，许多人的形象已经在他心中成形。罗兰还准备等自己更成熟一些时，能为自己的崇拜对象歌德写一本传记，描绘他那平和宁静的内心世界。他感激莎士比亚给了他少年时代难忘的感受，感激鲜为人知的玛尔维达·封·梅森堡给予了他巨大的友谊。

这些计划中的"名人传"最终都没有完成。虽然在随后的几年，他写了几本有关亨德尔和米勒等人的学术著作，以及一些有关胡歌·沃尔夫和柏辽兹的研究论文。但最终他的第三个作品集同样以失败告终。不过这次的失败并非由于当初阻碍罗兰的那些因素（如他与时代的对立，或人们的漠然态度），而是由于对深层人性的道德认识。

罗兰从一个历史学家的角度发现，真理——这个他认为最深厚的力量，无法同其创作激情相一致。而只有在贝多芬那里，才可以既持有真理，又给予人安慰，那是因为贝多芬的音乐本身就能净化并提升人类的灵魂。在描写米开朗琪罗时，就有了些许压力，因为要将这位天生就忧郁的人写成一位胜利者，的确有一些难度。托尔斯泰则更多地在预言真正的生活，而很少提及丰富、热闹和有价值的生活。

当罗兰着手马志尼的传记时，他意识到，他在满怀热情地研究老一代人对这位已被遗忘的爱国者的痛恨。因此，他或者得背离真理，将这位狂热分子塑造成一个模范典型，或者描述事实而使大众失去对他英雄主义的信仰。他发现，为了对人类的爱，他不得不隐瞒一些事实。

因此，他也陷入了托尔斯泰曾面临的冲突中："他对悲惨现实的深入了解与出于善良的本性而力图想掩盖现实之间的矛盾。我们每个人都经历过这种悲剧性的斗争。曾有多少次我们面临这种两难抉择，是否定事实的存在，还是直面它。当艺术家必须描述某一事实时，经常会遇到进退两难的局面。因为对于同一个健康有力的真理，在有些人看来就像呼吸空气那样自然，而在另一些人眼里却是根本无法忍受的，原因就在于，他们已经习惯了单纯的善良而变得衰弱不堪。怎么办呢？是绝口不提这致命的真理，还是不顾后果地将事实说出来？人们经常会面临这两难抉择：真相还是爱？"

这就是罗兰在创作中遇到的令人苦恼的发现：如果一个人既是尊重事实的历史学家，又是追求道德完善的人类的朋友，那他是不可能完成伟大人物传记的。我们的历史展现的是否就是真理呢？历史通常不都是各个国家的传说与民族传统吗？每一个历史人物不都是根据一定的目的与道德标准经过修改和美化的吗？

"要描写一个人是多么困难啊。每个人都是一个谜，无论是对自己，还是对他人。想要了解一个连自己都不了解自己的人，那是极不明智的。我们的每一个朋友、每一个亲人、每一个我们自认为了解的人，实际上都不是我们所看到的样子，他可能与我们印象中的那个他毫无共同之处。我们常常漫游在自己的幻影当中，但是判断与创造是必不可少的。"

罗兰面前障碍重重，既要公正地对待自己、公正地对待自己所尊敬的人，又要尊重真理、同情人类，这一切都阻碍着他前进的脚步。罗兰没有再继续"英雄传记"的写作，因为他不愿意成为只会粉饰现实而不敢否定它的"胆怯的理想主义"的牺牲品，所以他宁愿保持沉默。由于感到这条路不可行，因此他中途果断停下了脚步，但是他并未忘记自己的目标——"捍卫世间的伟大"。

人类要相信自己，就需要有崇高的形象与英雄的传说。但是历史只有通过对人物的美化才能提供给人以慰藉的形象。于是罗兰转而在一种新的、更崇高的真理中，即艺术中去寻找英雄。

现在，他以我们的时代为背景，创作出了一个又一个有血有肉的英雄形象。他通过各种形式展现了我们这个世界日常的英雄主义，并通过一切的斗争，表现了那个信仰生命的伟大胜利者——约翰·克利斯朵夫。

《约翰·克利斯朵夫》

圣者克利斯朵夫

罗曼·罗兰在《约翰·克利斯朵夫》这部巨著的最后，叙述了一个有关圣者克利斯朵夫的传说。一天晚上，一个孩子叫醒了摆渡人克利斯朵夫，要他渡自己过河。这位善良的巨人微笑着将孩子扛到了肩上，但当他走到河中的时候，肩上的孩子越来越沉，他几乎支撑不住了，但他还是鼓起全身的力量继续前行。当他迎着曙光到达彼岸的时候，才发现自己肩负的是基督，这一世界的灵魂。

对圣者克利斯朵夫的艰辛跋涉，罗兰深有体会。他也曾肩负命运与创作的担子，来讲述一个人一生的故事，但在写作的过程中，这一看似轻松的担子变得越来越沉重。因为整整一代人的命运、整个世界的意义、爱的信息、古往今来的创作秘密，都压在他的肩头。

这位艺术家在没有任何帮助与鼓励的情况下，在黑暗中孤独前行。他步履蹒跚，似乎随时都会被肩头的重任压垮，那些无信仰者在岸边讥讽他，但他不为所动，继续前行。整整十年，生命的长河在他身边奔流，而他终于到达了圆满的彼岸，尽管脊背已弯曲，但目光却愈加明亮。历经孤苦漫长的黑夜，为了后代子孙，他将那珍贵的重负从此岸扛向到了彼岸。

现在，当这位善良的摆渡人放眼远望时，他发现黑夜已然过去，火红的朝霞已出现在东方。他兴奋地认为，他正是肩负着过去的象征来迎接新的一天的。

但那火红的朝霞却是战争的血云，是燃遍欧洲的火焰，它已吞噬了昨日的世界精神。而只留下了这份从过去的彼岸拯救出来的遗言《约翰·克利斯朵夫》。大火熄灭，黑夜重新降临。但是，感谢你，摆渡人，虔诚的朝圣者，感谢你在黑暗中开辟了道路，是你艰辛的付出，将希望的信息传向了世界。仇恨的火焰终将熄灭，民族的分歧总会消散，新的一天总会到来。

毁灭与复活

即将 40 岁的罗兰，生活却是千疮百孔。他信仰的旗帜，以及对人民的呼吁已在现实的风暴中被撕得粉碎。他的剧作往往在上演一晚后便不知所终，而那本应傲然挺立的一系列英雄形象，现在也被弃之一旁，只有已完成的三个剧本孤独地留在这个世界上。

但罗兰心中的神圣火焰并未熄灭。他决心将心中已创造的形象重新加工而成为新的形式。由于自己的正义感，罗兰无法在当代的生活中寻找那个伟大的安慰者。

因此，他准备塑造一个集各个时代伟大人物于一身的天才，这个天才并不属于哪一个民族，而是属于所有民族。为了塑造这一形象，他不再寻求历史的真实，而是力求达到真实与想象间最高的和谐：他要创作一篇关于一个凡人的神话，讲述一位天才的传奇。

令人难以置信的是，失去的一切猛然又复活了。已逝的学生时代的梦想，少年时代的创作欲望，在罗马的霞尼古勒对当代纯洁灵魂的幻想，这一切又重新回到了他心中。他剧本中早已被人遗忘的形象，艾尔特、吉伦特党人，又在新的蜕变中复活了。贝多芬、米开朗琪罗、托尔斯泰又一次从历史中走入了我们的生活。

罗兰从一次又一次的失望中增长了阅历，从一次又一次的考验中获得了鼓励，一切的结束正是一个新的开始，那就是他作品中的作品《约翰·克利斯朵夫》。

作品由来

约翰·克利斯朵夫其实早就同他的诗人见过面了。他们的第一次接触是在巴黎高师。当时年轻的罗兰准备写一部小说，那是一个有关一位纯洁艺术家的故事，这位艺术家为了这世界而操碎了心。不过这个故事的大致轮廓还没有确定下来，除了它的主人公必须是一位艺术家，一位不被人理解的音乐家以外。后来这个计划便和其他计划一样不了了之，这一梦想也与其他的青春梦想一起随风逝去了。

但是到了罗马以后，罗兰从与世隔绝的学校生活与长期的科学研究中猛地解放了出来，他那备受压抑的创作激情也随之爆发了。在那月明星稀的罗马之夜，玛尔维达·封·梅森堡经常向他讲述她伟大的朋友瓦格纳和尼采的悲剧性的战斗故事。这使罗兰意识到，强者真是无处不在，他们只不过是被喧嚣的尘世生活埋没了。这些英雄人物的悲惨遭遇不自觉地就与罗兰心中幻想的形象融合在一起。

一天傍晚，当罗兰在霞尼古勒散步时，脑海中突然闪过约翰·克利斯朵夫的形象：一位心地纯洁的艺术家，一个德国人，离开家乡，漫游世界，在自己的生活中找到了上帝，他是一个平凡的自由人，相信一切伟大的存在，甚至相信不肯容纳他的人类。人物形象的轮廓已大致成形，罗兰已基本看清了自己心中的这一画像。

离开罗马后，那自由欢乐的时光被辛劳的工作所代替，忙碌的职业生活使他无暇顾及心中已然萌生的形象。除了匆忙的工作，他几乎没空去幻想。但是，一次经历唤醒了这些昏睡中的形象。他去了贝多芬在波恩的故居，在那低矮狭小的阁楼里，他了解了艺术家悲惨的青年时代，并从书本与文献中体会到了这位英雄主义大师悲剧的一生。

罗兰幻想中的人物形象突然再次闪现在心头，这位主人公应当是又一个贝多芬，是一个德国人，一个孤独的战士，同时又是一个胜利者。当罗兰还不够成熟时，在他眼里，不成功便意味着失败。但现在他却从失败中看到了真正的英雄主义："认识生活，并热爱生活。"

罗兰的思想有了关键性的转折，在他热爱的形象之后，出现的是一番新的天地：尘世斗争中获取永恒胜利的曙光。现在约翰·克利斯朵夫的内在形象已经逐渐丰满。

罗兰对自己的主人公已经很熟悉了，但是他还必须学会描述这位主人公，以及他所处的生活与现实。多年来，他在自己所遭受的失败和挫折中，在身处文学界的体验中，在冷漠的观众中，在伪善的社会中，渐渐完善了自己心中的这一人物形象。不过，他还必须在经历了巴黎生活的一切苦痛之后，才能着手这部作品的写作。

20 岁时，他只了解自己，只知道描写纯洁的英雄主义的意志；30 岁时，他开始描写反抗。他所体验过的一切失望与希望，现在都汇入了他生活的激流。多年来积累的大量的笔记，正在奇妙地融入这正在形成中的作品中，曾经的痛苦经历增长了他的见识，少年时代关于那艺术家的天真幻想，变成了一部生命之书。

1895 年，作品的大致轮廓已基本形成。罗兰开始写了约翰·克利斯朵夫少年时代的几个场景，并于 1897 年，在瑞士一个偏僻的小村子里完成了最初的几章，音乐似乎自然而然地从这些章节里涌现了出来。这时，他心中已经有了明确的规划。接着，他又写下了第五卷与第九卷的部分章节。作为一位音乐家，罗兰将一个个主题编写成了一首宏大的交响乐。

罗兰在写作时并不是按照严格的顺序展开的，因此其作品的顺序从外部是无法感受到的，只有在其内部才能看到。这些章节的写作似乎并非有意为之，而是兴之所至。有时身边的风景会赋予其文字以音乐的旋律，而他的各种经历又使作品渲染上不同的色调。

塞佩尔曾对此做了精彩的描述："约翰·克利斯朵夫遁入森林的片段，就来自罗兰所敬仰的伟人托尔斯泰去世前的离家出走。"颇具象征意味的是，这部欧洲性的作品是罗兰在欧洲各地写成的。开始的几个章节在瑞士乡村写成，"少年"在苏黎世和楚格湖畔，"安多纳德"在牛津，还有很多章节写于巴黎和意大利，终于，在经过 15 年的艰辛努力后，这部作品于 1912 年 6 月 26 日在巴维诺完成。

罗兰这部作品的第一卷"黎明"于 1902 年 2 月在《半月丛刊》上发表。1912 年 10 月 20 日，17 册书的最后一册出版。罗兰的创作从未为他带来过任何的酬金，直到第五卷"节场"发表后，才找到了奥郎多夫这个出版商。于是，小说在沉寂多年后，迅速在全世界传播。

小说写完之前，就已经有了英文、西班牙文、德文等版本，同时塞佩尔写的《罗曼·罗兰传》也出版了。1913 年，这部作品荣获法兰西学院最佳小说奖。罗兰在 50 岁那年终于成名，他的信使约翰·克利斯朵夫成了那个时代最具活力的人物，他的足迹踏遍了世界各地。

没有模式的作品

《约翰·克利斯朵夫》究竟是一部什么类型的作品，是一部小说吗？它是一幅我们这一代人的世界画卷，它浩如烟海、包罗万象，很难有哪一个词能将它加以概括。罗兰曾说过："能用一个定义加以概括的作品，是死板的、没有生命的。"

《约翰·克利斯朵夫》不仅仅是一部叙事小说，它还是一部百科全书式的作品。书中的一切问题最后都力求回到世界最普遍、最核心的问题。

作品描绘了时代的广阔背景，它直指人类的灵魂，是整整一代人的反映。它是一部虚构的个人传记，正如格劳托夫所说，它是孤独者的宗教忏悔录，是对现实的建设性的批评，是对神秘力量的创造性分析，是用词语组成的交响乐，是现代思想的一幅壁画。它是赞美孤独的一曲颂歌，是一部英雄交响乐，歌颂伟大而团结的欧洲。

在这里，每一个定义只能阐释作品的部分内容而不能概括全貌。精神与道德上的活动不会拘泥于文学定义，罗兰的理想主义使信仰更坚定、生命更强大。

在《约翰·克利斯朵夫》中，公正的力量促使人们去认识生活，而信仰的力量又促使人们去热爱生活。这二者都包含在他的道德要求中，这也是他向自由人提出的唯一要求："认识生活，并热爱生活。"

这该是怎样的一本书呢？当书中的主人公看到当时时代的怪异现象，看到已成为千万个碎片的艺术时，他说："今日的欧洲没有一部共同的著作，一首共同的诗歌，一个共同的祈祷，一种共同的信仰，这是我们的耻辱，是我们这个时代一切艺术家的耻辱。没有人为全体人民创作，没有人为全体人民考虑过。"

罗兰想要洗刷这一耻辱，他准备为全人类写作，不仅为自己的祖国，还要为其他的国家；不仅为艺术家和文学家，还要为渴望了解生活和时代的人们。

罗兰通过约翰·克利斯朵夫之口说出了他的创作目的："向平凡的人展示平凡的生活，而这种生活比天空还要辽阔，比大海还要深沉。我们中即使最无名的人身上也有无限的东西需要挖掘……去描写普通人的普通生活……用普通的词汇，就像生活本身一样。不要绞尽脑汁地用那些华丽的辞藻，无须考虑创作时的艺术技巧。你要向大众说话，那就使用他们的语言……你需要完全献身于你的创作，想你之所想，跟着自己的感觉走，让你的心灵告诉自己：风格就是灵魂。"

《约翰·克利斯朵夫》不应该是一部艺术之书，而应该是一部生命之书，事实也的确如此，因为"艺术是被美化了的生活"。当时大多数作品是有关色情的描述，而这部作品却不同，罗兰试图探求人内心的最本质的问题，他关注的核心就是人的内在世界，人如何看待生活，或者更确切地说，人如何学着去认识生活，这才是这部作品的最基本的主题。

因此，从这一角度来讲，可以把它称为《威廉·麦斯特》式的教育小说。这部教育小说竭力展示了个人在学习与漫游时代，如何认识陌生的生活，从而认识自己的生活，如何在坎坷的成长道路上转变了自己的成见与错误，如何将外在的世界转化为内在的感受，如何从一个满怀好奇的人变成一个理智的人，从一个充满激情的人变成一个公正的人。

这部作品不仅可以称为教育小说，还可以称为历史小说。正如巴尔扎克的《人间喜剧》和阿纳托尔·法朗士的《现代史》一样。同时，这部作品，从某种程度上来说，也称得上是一部政治小说。罗兰以他那贯通一切的手法，不仅描述了他那一代人的历史，还写下了那个时代的文化史，以及他敏锐的时代感所能捕捉到的一切，如诗学、社会主义、音乐、艺术、妇女问题和民族问题等。作为一个超越于普通人之上的人，克利斯朵夫从不逃避问题，总是同一切阻力做斗争，他超越了民族、职业和宗教的界限，他的心中是整个世界。

这部小说还是一部描述艺术家的小说和一部音乐小说。他的主人公是一个创造者，而不再像歌德、诺瓦利斯、司汤达著作中的主人公那样，是些旁观者。与高特弗里特·凯勒笔下的"绿衣亨利"一样，他走向外部世界的道路，同时也是走向内部世界，走向艺术与完善的道路。在作者的描述中，不仅有对音乐的产生及天才的成长在个人身上的体现，而且有对世界的分析，创造的奥秘，以及生命最原始的秘密。

这部小说还在主人公生活经历的基础上建立起了一个世界

观，因而它也是一部哲学小说和一部宗教小说。对罗兰来说，为完整的生命而战，就意味着找寻生活的意义与本质，找寻自己的上帝，并力求在个体与现实的节奏间达到最终的和谐。他的思想已冲出了尘世的束缚走向无垠。

如此丰富的内容以前闻所未闻，罗兰只在托尔斯泰的《战争与和平》中发现过世界历史性的画卷，纯洁的灵魂和宗教迷恋间的类似的统一，发现过同样的对真理负责任的态度。罗兰只是将悲剧的场景从遥远的战争移到了现代，他也赋予主人公以英雄主义，但这一英雄主义不是在战争中表现出来的，而是在为艺术进行的无形斗争中表现出来的。

像以往一样，罗兰的主人公身上吸纳的是所有艺术家最具人性之处，对他而言，艺术并非终极目的，而是对大众产生道德影响的途径。他听从托尔斯泰的教诲，力求使自己的《约翰·克利斯朵夫》成为一个行动，而不是一部文学作品。

因此，《约翰·克利斯朵夫》这部英雄交响乐，无法套用任何一个公式。这部著作超越了一切传统，但仍处于时代之中。它超越了文学，但仍是文学最强有力的体现。它超越了艺术，但仍让人们感觉到了最纯粹的艺术。这不是一本书，而是使者带来的消息，不是一部历史，描述的却是我们的时代。它不仅仅是一部作品，还是一个平凡的人创造的不平凡的奇迹，这个人体验着自我，因而也体验着整个生命的真谛。

形象的塑造

罗兰在写作过程中没有确定的模特，但其塑造的各种人物形象在现实生活中都能找到原型。罗兰作为一个历史学家，他不仅从名人传记中借用某些人物的特点，还从同代人身上取材。他用自己独特的方式，将虚构的内容与真实的历史结合起来，将单个的元素重新组合。他对人物性格的刻画，通常是组合多于虚构。在人们欣赏这部小说时，往往会感觉书中的人物形象似曾相识，这是因为每个人物都是由上百个成分构成的全新的形象。

在阅读这部作品时，你会感到约翰·克利斯朵夫的形象起初很像贝多芬。塞佩尔曾将罗曼·罗兰有关贝多芬的研究论文称为《约翰·克利斯朵夫》的序言。的确，小说最初的两卷就是以贝多芬为原型的。但很快我们就会发现，作者试图将音乐史上所有音乐家的精华都汇集到主人公身上。

约翰·克利斯朵夫生长在贝多芬的故乡莱茵河畔，与贝多芬一样，他的祖辈也是弗拉芒人，母亲也是一个农妇，父亲也是个酒鬼，而在这个酒鬼身上又可以看到约翰·塞巴斯蒂安·巴赫之子弗里德曼·巴赫的影子。克利斯朵夫在冯·克里赫夫人家授课的插曲，也会使人想到布罗伊宁夫人。同时，莫扎特与坎纳比西小姐的那段恋爱故事也被移植到了约翰·克利斯朵夫身上。不过，随着主人公年龄的不断增长，他离贝多芬的形象越来越远。

只从外表来看，人们会联想到格鲁克和亨德尔，罗兰曾将亨德尔描述成"拥有人人畏惧的粗暴"，这正和约翰·克利斯朵夫的性格相似：不拘小节、容易激动、不受社会规则的约束，对任何事情都直言不讳，谁接近他，谁就会有生不完的气。

罗兰还借用了瓦格纳传记中的内容，如从起义中逃往巴黎，在小出版商那里做一些低微的工作，贫困的生活，这些都从瓦格纳的中篇小说《一个德国艺术家在巴黎》移植到了《约翰·克利斯朵夫》中。

但是对小说中主人公形象的转变起决定性作用的，是当时出版的恩斯特·戴克塞的《胡戈·沃尔夫》这本传记，它使克利斯朵夫的形象完全脱离了贝多芬这一原型而焕然一新。

小说不仅采用了传记中的个别情节，如对勃拉姆斯的仇恨，对瓦格纳的拜访，在维也纳沙龙周报发表音乐评论，《彭特西丽亚序曲》的悲惨闹剧，远方的崇拜者舒尔茨·埃米尔·考夫曼教授的来访等，它还将胡戈·沃尔夫的内在性格与其音乐的创作形式注入了约翰·克利斯朵夫的灵魂。

那魔鬼般的、像火山喷发一样的创作方式，常常会自然而然地从心底倾泻而出。有时四首不朽的歌曲会在一天之内完成，而有时突然会沉默数月，从创作的极乐状态转入忧郁的、无所作为的沉思。克利斯朵夫这种悲剧性的天才模式要归功于胡戈·沃尔夫。

克利斯朵夫有着亨德尔、贝多芬、格鲁克式的粗壮体格，而他的内在精神则更接近于这位神经质的伟大歌曲诗人，不过克利斯朵夫在愉快的时候又具有舒伯特式的明朗与孩子气般的欢乐。这也表现出了克利斯朵夫的双重性，他既是一位古典式的老音乐家，又是一位现代音乐家。在他身上甚至能看到古斯塔夫·马勒和策扎尔·弗兰克的影子。他不仅是一位音乐家、一代人的形象，而且是全部音乐的精华。

此外，约翰·克利斯朵夫身上还借用了一些非音乐家的事迹，如歌德在《诗与真》中描述的与一个法国剧团的相遇，托尔斯泰临终前的情景。此外，在小说人物安多纳德身上也能看到勒南那位极具牺牲精神的姐姐昂里艾特的特征，女演员玛格利特·乌冬会让人联想起意大利著名女演员迪瑟的遭遇与法国女演员苏珊·德普雷的风格，伊曼纽尔身上综合着法国作家夏尔·路易·菲利普和夏尔·贝玑的特点与虚构成分，在背景中还依稀可见德彪西、维尔哈伦与莫雷亚斯的影子。

"节场"发表后，一些罗兰根本没有考虑过的人提出了抗议，因为他们认为小说中的议员罗孙、批评家雷维一葛、报纸老板戈马谢、乐谱商哀区脱等形象在影射自己。罗兰取材于低俗现实的形象具有如此强的典型性，是因为这种现实生活在平庸的风气之下不断重复着，它就像少数纯洁的形象一样是永远不会消失的。

小说中奥利维这一高尚的人物形象，似乎没有取材于现实生活，而像是完全虚构出来的。但我们却感到对他的刻画似乎更为传神。因为在很大程度上来说，这是一幅作者的自画像。不过并不是其遭遇的再现，而是其心灵的写照。他像那些经验丰富的画家一样，将自己稍加伪装，然后放到历史事件的场景中。

我们可以在作品中隐约看到他那柔和、瘦削、文雅、稍向前倾的脸，他完全转向内心并陷入纯粹的理想主义，他的热情明确的公正态度，他情愿放弃自己而不愿放弃事业的决心。当然，这个托尔斯泰与勒南教导下的温顺的学生，最后在小说中将活动的天地让给了他的密友，自己则作为过去的象征悄然离去。约翰·克利斯朵夫是罗兰刻意的一个幻想，而奥利维却在实现了他少年时代的那个幻想之后，悄然离去了。

英雄交响乐

众多的人物与事件，纷繁复杂的矛盾与冲突，都靠音乐这一种因素统一在一起。

在《约翰·克利斯朵夫》中，音乐既是内容，又是形式。不能简单地将它与巴尔扎克、左拉、福楼拜的传统叙事联系起来，因为他们力图把社会用化学方法分解成一些基本元素。也不能说它因袭了歌德、高特弗里德·凯勒和司汤达的传统，因为他们试图使人物形象固定化。罗兰不是一个故事讲述者，也不是通常意义上的诗人，他是一位音乐家，他将一切都汇入音乐和谐的旋律中。

说到底，《约翰·克利斯朵夫》是一首交响乐，它源自于尼采的悲剧诞生之所——音乐精神。它遵循的不是叙述与演讲的法则，而是体现内心被抑制的情感。罗兰是音乐家，而不是诗人。

罗兰在讲述故事的过程中，并不具有所谓的风格。他没有用典范的法文写作，也没有规范的句法结构，没有韵律，没有词语的色调，没有个人的用词特征。在作品中无法看出他的个性，因为不是他加工素材，而是素材掌管着他。他只具有适应事件的节奏与环境的天赋。

作品的前几句像是一首诗，接着，这一节奏带动起各个场景与短歌般的插曲，每一个插曲都有不同的旋律，但这些旋律很快就会消失，以让位于新的情感。

在《约翰·克利斯朵夫》中，有的短小的序曲，纯粹是一些歌曲，是一些柔和的短歌和随想曲，是喧嚣世界中的音乐之岛；还有的充满了阴郁的气氛，凶恶的力量与忧伤。罗兰根据音乐灵感进行的创作，可使他跻身于最伟大的语言艺术家行列。

当然，除了音乐的旋律之外，有时会出现历史学家与时代批评家的声音，这时，灿烂的光辉便消失了，这正如音乐剧中平淡的宣叙调一样，它们将各个情节衔接起来，因为激昂的情感虽然使人的精神振奋，但它往往会影响事件的整体性。在这部作品中，音乐家与历史学家永恒的冲突依然在继续。

想要了解《约翰·克利斯朵夫》的结构，就必须以音乐的特性为依据。无论书中的人物被塑造得如何栩栩如生，他们之所以产生影响，都是因为他们都紧紧围绕着生命的激流这一主题。音乐的核心来自所有人物形象的节奏，而最强烈的节奏，则源自音乐大师约翰·克利斯朵夫。

作品的法文原稿分为 10 卷，但如果只注意到了这种外在的结构，那你就只有出版商的眼光，而根本无法理解作品的内在结构。作品的每两个小节之间都有一个停顿，这正如音乐中的休止符一样，休止符所用的是不同的音调，而每一个停顿则都用不同的语调写成。只有音乐家，而且是熟悉交响乐的音乐大师才能证明，这部英雄史诗是如何被构建成一曲英雄交响乐的，最壮阔的音乐画卷是如何被移植进了语言的世界。

作品的开端是莱茵河澎湃而深沉的涛声，那是犹如圣歌般奇妙的序曲。这条永恒的生命之河会令人感到一种来自远古的力量。接着缓缓地响起了一个清新的旋律，一个孩子，约翰·克利斯朵夫诞生了。他诞生于天地间伟大的音乐中，并将与音乐永不停息、变化无尽的洪流融为一体。

接着，第一批人物亮相，神秘的圣歌悄然而止，一个童年的世俗剧开始了。渐渐地，大地上充满了人声和旋律。旋律与孩子胆怯迟疑的提问交错呼应，直到约翰·克利斯朵夫强大有力的声音与奥利维柔和的声音出现，他们就像一长一短两个调子，统领着中间乐章。各种生活与音乐都通过和谐与不和谐音展现了出来，贝多芬式忧郁的突然出现，以艺术为主题的巧妙的赋格曲，对乡村舞蹈场景的描写，像舒伯特作品一样纯净地献给永恒与自然的颂歌。

这一切都令人惊叹地融合在一起，喧嚣的浪涛趋于平静，舞台上的喧哗逐渐消散，最后的不和谐都融入伟大的和谐音。终于，伴随着无形的大合唱，大幕渐渐落下，初始的曲调再次奏起，怒吼的洪流又回到了无边的大海。

在一曲歌颂无穷生命力的圣歌中，在一种重返永恒的自然力量中，约翰·克利斯朵夫这首英雄交响乐结束了。罗兰想要通过音乐，这最超时代、最自由、最超民族的永恒的艺术，来描述这种永恒的自然力量。音乐，在这部作品中，既是其形式，又是其内容；既是核心，又是外壳。正如歌德对大自然的评价：大自然永远是所有艺术法则中最真实的法则。

创作的奥秘

《约翰·克利斯朵夫》不是一部有关一位艺术家的小说，而是一部生命之书。

罗兰并没有将创作者与非创作者截然分开，不过，他将艺术家看作是最具人性的人。在他眼中，真正的生活就是创造，这正和歌德所信奉的"真正的生活就是行动"一致。一个人如果不冲破自我的局限，不积极地将自身的部分精力投入到未来中去，而是将自己封闭起来，那他虽然是人，但却是毫无生气的人。有一种先于死亡的死亡，有一种超越生命的生命。我们与虚无的真正界限并非死亡，而是行动的停止。生命在于创造。

"欢乐只有一种，那就是创造的欢乐，而其他一切都不过是与己无关的、飘荡在大地上的幽灵。所有的欢乐皆来源于创造，而这创造又来自爱、天才与行动。无论是肉体或是精神方面的创造，都意味着逃离躯体的束缚，进入生活的风暴，意味着成为自己的上帝。创造就是消灭死亡。"

创造是人生的意义与秘密，是核心的核心。罗兰总是选择艺术家作为自己作品的主人公，这并非由于他喜欢将忧郁的天才与麻木的大众作对比的那种浪漫主义者的骄傲，而是为了接近问题的本质：在艺术作品中，从虚无中（或一切中）创造的超越时间与空间的永恒奇迹，是对于感官来说最清楚，而对于精神来说最神秘的东西。

罗兰认为，艺术创造是最复杂的问题，因为真正的艺术家是人类中最具人性的人。他紧随创作者深入黑暗的迷宫，以接近那精神受孕和痛苦分娩的激荡瞬间。他侧耳倾听，米开朗琪罗是如何将痛苦刻入石头，贝多芬如何在其旋律中表现情感，托尔斯泰如何在压抑的胸膛中聆听自己怀疑的心跳。雅各的天使在不同的人眼里有着不同的形象，但人们仍以同样虔诚的心去敬奉上帝。

找寻一个艺术家的原型，以及创作的原动力，是这些年来罗兰不懈追求的目标。他希望在作品中揭示创造者与创造的本来面目，因为他知道，在创造的秘密中蕴含着全部生命秘密的根源与精华。

作为一个历史学家，罗兰已描述过艺术在人类中的诞生。而作为一个诗人，他现在触及了这一问题的另一种形式，即艺术在一个人身上的诞生。他在《吕利以前的音乐史》和《昨日音乐家》中表明，"超越时代的永恒之花"音乐是如何萌芽，如何在各个民族与时代的枝条上以新的形式绽放。这一刻同任何事物的开端一样充满着神秘与痛苦。而对每个人（他必须以象征性的缩影重新展现全人类的历程）而言，创造力量的产生也一样充满了奥秘。

罗兰意识到，知识永远不能揭示原初的秘密，他没有一元论者那种盲目的信仰，这些一元论者将创造说成是一种机械活动。但他明白，大自然是贞洁的，它最秘密的创造时刻不允许偷窥。没有哪个放大镜能够捕捉到晶体的结合和花儿开放的一刹那。大自然奋力保护的莫过于自己高深的魔力：那永恒的孕育和无尽的神秘。

在罗兰眼里，生活的创造，是远远超出人的意志与认识范围的一股神秘的力量。在每个人的灵魂深处，除了个人的、有意识的成分外，还住着一位陌生的客人："被封锁在每个人身上的被隐藏的精神，盲目的力量和魔鬼。自人类产生以来，我们的一切努力，就是要筑起理性与宗教的堤坝，来防御这心中的汪洋。但当暴风雨来袭（那些最博大的灵魂，遭受的暴风雨更多、更强烈），将堤坝冲垮，魔鬼们便获得了自由。"

这灵魂深处汹涌的波涛，并非来自意志，而是违背意志，从无意识和超意志的世界席卷而来。无论是理性还是清醒的思想，都无法战胜这种"灵魂及其魔鬼的两面性"。这种两面性通常是创造者从祖辈那里遗传来的，它不是通过门窗挤进来的，而是如幽灵般弥漫在创造者周围。在罗兰看来，并不是艺术家掌握了艺术，而是艺术掌握了艺术家。艺术像是猎人，而艺术家则像猎物，艺术是胜利者，艺术家永远是幸福的失败者。

创造者总是诞生于创造之前，天才是命中注定的。孩子的意识还在昏睡的时候，潜伏在他血管里的神奇力量就已显示了巨大的魔力。

罗兰对此做了精彩的描述，小克利斯朵夫在听到第一个音符之前，心中已充满了音乐。在孩子的心中早就隐藏着那神秘的魔鬼，只要一个信号，它就会活动起来。当爷爷牵着孩子的手将他领入教堂，迎面传来的管风琴的声音，唤醒了孩子胸中的天才，它马上向远方兄弟们的作品伸手致意，这一切，从欣喜若狂的孩子身上便可以看到。随后，马的铃铛声犹如优美的乐曲，使孩子心胸开阔，充满了不自觉的兄弟情感，同时意识到了自己的存在。

接着，有这样一个场景（这是书中最美的段落之一，也许也是对音乐最好的一段描述），小约翰·克利斯朵夫费力地爬上椅子，坐在那黑色的魔箱（钢琴）前面，他的手指第一次在和谐与不和谐的无尽丛林中摸索，他敲出的每一个声音，似乎都在对那些陌生声音无意识的问题做出回答。很快，他便学会了弹奏这些声音，并将它们表现出来，以前是旋律寻找他，现在是他寻找旋律。于是，那渴求音乐的、早已沉迷其中的灵魂，冲破了他天性的堤坝，创造性地冲向整个世界。

这个艺术家同与生俱来的魔鬼共同成长，从童年一直到老年。这个魔鬼像吸血鬼一般，汲取着艺术家的每一次经历，品尝着艺术家的欢乐与痛苦，慢慢将艺术家的整个生命吮吸到自己体内，而留给艺术家的，除了永恒的创造渴望与痛苦，什么也没有。

对罗兰来讲，艺术家根本不是想创造，而是必须创造。他认为，创造并非病瘤和生命的非正常状态（像德国作家诺尔道等人认为的那样），而是真正的健康。没有创造才是一种病态。

罗兰在《约翰·克利斯朵夫》中，对缺乏灵感的痛苦有着最真切的描述：创造者的灵魂就像被太阳炙烤的干裂大地，其痛苦远甚于死亡。没有一丝微风能带来清凉，欢乐消失，力量减弱，意志消沉。突然，黑暗的灵魂上空起了风暴，力量的雷鸣一阵紧接着一阵，灵感的闪电划破天宇，一切都猛然汇入巨大的洪流，挟着灵魂奔向永恒的欢乐：艺术家变成了世界、神明、一切元素的创造者。他所遇到的一切，都被卷入这奔腾的洪流中，"一切都成了他无穷创造力的理由"。

罗曼·罗兰把全部生命变成了艺术，他像克利斯朵夫那样，将自己走向死亡的历程化为一曲交响乐，把自己的死融入音乐中。

罗兰试图描述生命的奥秘和创造，以把握生活的全貌：宇宙的起源和艺术家的艺术。懦弱者想尽力将创造与生活割裂开，而罗兰却通过象征性的形象，揭示了创造与生活的一致性。

约翰·克利斯朵夫既是一个创造天才，又是一个受难者，他之所以受苦，是由于创造，他之所以创造，是由于痛苦。罗兰这位创造者塑造的天才，之所以是一个有生气的人，正是由于他是一个创造者。

约翰·克利斯朵夫

艺术的形式多种多样，但其最高形式，是它的规律和表现最接近于自然。真正的天才，有着强大与自然的影响力，他像世界一样广阔无边，像人类一样复杂多彩。他进行创造，是由于其情感丰沛，而不是软弱。他之所以能对世界产生永远的影响，是由于其创造了力量，赞扬了天性，使生命超越了时间的界限，进入永恒。

约翰·克利斯朵夫就被塑造成了这样一位天才。他的名字就是一个象征。他不仅名叫约翰·克利斯朵夫·克拉夫脱，而且人如其名，他本身就是力量，这种力量永不枯竭，他来自农民的土地，又被命运投入生活的激流，将一切障碍炸毁。显然，只要生活是指那种现存的、静止的一切，那么这种自然力同生活的战斗就会永不停歇。

在罗兰看来，生活不是静止，而是与静止的斗争，它是创造，是对"永恒旧事物"的束缚的永恒反抗。所以，天才，新生力量的使者，将不可避免地成为艺术家中的斗士。因为他之外的其他艺术家，是更平和的工作者、观望者，现成的事实的观察者，他们总结自己的经历并接受已有的结果。

他们作为继承者，享有的是宁静。而天才作为创始人，遭遇的是风暴。他必须首先将生活变成艺术品，而不能将生活当作艺术品来享受，他必须首先创造一切：自己的形式、自己的传统、自己的理想、自己的真理、自己的上帝。对他来说，没有任何东西是已经完成了的，他必须永远从头开始。生活并不像温室那样欢迎他，让他享受其中；生活对他而言，不过是构成一幢新建筑的材料。因此，他不能停歇下来，他的上帝告诉他："向前，不要停步，人必须永远战斗。"

于是，这位伟大命令的执行者，紧握意志之剑，从童年直到人生结束，一直沿着这条道路不断地斗争着。当他感到疲惫不堪时，便会像约伯一样呼喊："人生在世，难道注定要在尘世中永远斗争吗？难道他必须永远像劳工一样度过每一天吗？"

但是，当克服了软弱之后，他意识到："当你不问为什么活着，而只是为活着而活着，你才会活得富有生气。"他认为，努力就是一种奖励，在其猛然醒悟的时刻，他用最精彩的一句话道出了自己的命运："我寻求的不是和平，我寻求的是生命。"

但是，只要有斗争就会有暴力。约翰·克利斯朵夫尽管天性善良，却仍是个粗暴的人，他身上有着某种天生的、野蛮冲力，他从不听从自己的意志，而只遵从自然的法则。他的外表也表现出了他天生就有的战斗力：高大、魁梧、有点笨拙、粗大有力的双手、结实的臂膀、面色红润、容易被激怒。在他笨重的、永不知疲倦的步伐中，有他农民祖先们的强健之力，这种力量确保他度过了生命中最艰苦的岁月。

"在生活最困难的时期得到了这种优良种族遗传的好处，这样的人是幸运的。父辈们的脚步带动着疲惫的儿子勇敢向前，祖辈们的强大力量使消沉的灵魂振作起来。"这种体魄不仅帮助他去反抗时代的打击，还赋予他不屈不挠的乐观主义精神和对未来必胜的坚定信念。

有一次，他在失望之时欢呼道："我面前还有几个世纪，生命万岁，欢乐万岁！"他从其德意志的种族那里继承了齐格弗里德对胜利的信心。因此，他勇猛地斗争。他明白："天才渴望挫折，挫折成就天才。"

但是，暴力总是自私的。当年轻的克利斯朵夫的力量还未经过精神的净化，又未经过道德驯化的时候，他的眼中就只有他自己。他对别人是不公正的，对任何异议都不闻不问，对他人的好恶漠不关心。他就像一个樵夫，冲入森林，前后左右乱舞着斧头，只为给自己清理出一片干净的空地。他辱骂德国艺术，其实并不了解它；他蔑视法国艺术，其实也是不懂它。他有着"强壮青年极端的鲁莽"。

这鲁莽使这个中学毕业生说："在我没创造出世界以前，世界并不存在。"他的力量只有通过斗争才能得到宣泄，因为只有在斗争中他才能感到自己的存在，感到他无比热爱的生命的存在。

约翰·克利斯朵夫的这种斗争并没有随着岁月的流逝而减弱。因为他的力量越强大，他的行为便越笨拙。他不了解自己的对手。他艰难地学会了生存，他学得如此缓慢，前进的每一步都洒满了仇恨的血泪。正因为如此，这部小说才如此激动人心，如此富有教育意义。

他同帕西法尔一样，迟钝、幼稚、轻信、有点大嗓门、有点土气。但他宁可粉身碎骨，也不愿被社会磨得世故圆滑。他是一个靠直觉行事的天才，而不是一个心理学家，他从不进行预测，可为了认识世界，他必须忍受一切痛苦。

"他并不具有法国人与犹太人那种明察秋毫的、鹰隼般的目光，他像海绵一般将一切默默吸进体内，往往在数小时，甚至好多天之后，他才意识到，他已吸收了一切。"

于他而言，任何表象的事物是不存在的，他必须将所有的认识都加以消化，然后转化到血液之中。他不会像兑换纸币那样兑换思想和概念，而是要将少年时代被迫接受的一切谎言、庸俗的思想和谬误都吐出去，然后再去吸取新的养分。

因此，要认识法国，他必须先得将它的假面具一个一个撕掉，在见到那"永恒的情人"葛拉齐亚之前，他必须经历平庸的恋爱，在找到自己的上帝之前，他必须体验其全部生命。圣者克利斯朵夫只有在到达彼岸后才意识到他肩负的重担是一种使命。

但他明白"如果你强大，那么受苦就是一件好事"，他喜欢遭受挫折。"一切伟大即是善，极度的痛苦即是自由，压迫、侮辱和对灵魂的摧毁，只是痛苦和欢乐的常态。"他逐渐认识了自己唯一的敌人，即自我放纵。他渐渐学会了公正，并开始认识自己与世界。

这个狂暴的人慢慢明白，敌对态度不是针对他的，而是针对那推动他的永恒力量的。他学会了去爱自己的敌人，因为他们曾帮助他认识了自己，帮助他通过不同的方式奔向同一个目标。

学习时代结束了，席勒写给歌德的信中曾这样说："学习时代是一个相对的概念，学习时代的目标就是掌握技能，而只有技能的概念才能解释学习时代。"

日益成熟的约翰·克利斯朵夫开始明白，在经历了各种转变之后，他逐渐成了他自己，他摆脱了一切偏见，"摆脱了一切信仰、一切空想，一切民族与国家的偏见"，从而成了生命的伟大信仰者。自从他认识到自己所走的道路的意义时，他内心便充满了虔诚之感。他那"因信仰而改变"的一度天真、喧嚣的乐观主义曾呼喊道："什么是生活？生活就是一场悲剧。万岁！"这种乐观主义现在已经升华为柔和的包容一切的智慧。

"为上帝服务并热爱上帝，就是为生活服务并热爱生活。"这就是他自由精神的表白。他能感觉到自己身后新人一代又一代兴起，他欢迎他们之中与他对立的永恒生命。他过去是一个没有目标的鲁莽汉子，今天却成为一名领袖。然而，只有当死亡之声在他周围响起，当他和伟大的音乐以及永恒的世界融为一体的时候，他才真正认清了自己的目标。

约翰·克利斯朵夫的这场斗争之所以具有如此的英雄气概，是由于他期望达到最伟大的目标，即生命的全部。他必须亲自创造自己的一切：他的艺术、他的自由、他的信仰、他的上帝、他的真理。

首先，他必须为自由而战，他必须摆脱别人教给他的一切，摆脱艺术、民族和宗教信仰。他的激情从来不会为某一种东西，不会为成功或享受而进行斗争。他的斗争之所以具有悲剧色彩，是由于他是在极度孤独中进行的。他追求真理只是为了他自己，因为他懂得，每个人都有自己的真理。如果他的确给了人们以帮助，那靠的并非是他的语言，而是其高度善良的本性。但凡与他接触过的人（无论是他书中虚构的人物，还是其作品的阅读者）都受到了他天性的激励，因为他借以获胜的力量，就是我们大家命中注定的生活本身。我们这些信仰上帝的人在爱他的同时，也在爱着这个世界。

奥 利 维

约翰·克利斯朵夫是一位艺术家，但仅有这种艺术与艺术家势必显得单调，所以罗兰在中途放进了另一个角色来与克利斯朵夫作对照：一个是法国人，一个是德国人；一个是思想上的英雄，一个是行动上的英雄。

约翰·克利斯朵夫与奥利维的形象是相互补充的，他们因身处相互对立的两极而互相吸引，"他们的个性千差万别，却因此而走到了一起，因为他们都是同一类人，都是最高尚的人"。奥利维代表着法兰西的精神，约翰·克利斯朵夫则是优秀的德意志力量的后裔，他们被塑造成为理想的代表。他们俩，一个强悍，一个温柔，但却像音乐中的大小调一样和谐一致，并在奇异的变调中体现出了艺术与生活的主题。

无论是身体还是出生，两人都表现出了明显的对立。奥利维温柔、苍白、病态。他不像约翰·克利斯朵夫那样是个农民，而是来自精神不振、意志消沉的市民阶层。他的灵魂虽然充满了激情，但还是怀有特权阶级对平庸生活的恐惧。他的精力不像他强壮的同伴那样来自自身的血肉，而是来自神经与大脑、意志与激情。他的接受性多于创造性。

"他是一棵常春藤，他需要攀附缠绕，他有一颗女性的心，他需要爱与被爱。"他似乎想要通过艺术来逃避现实，而约翰·克利斯朵夫却是自觉自愿地投身艺术，以便在其中发现更加丰富多彩的生活。

奥利维像是一位席勒式的伤感主义艺术家，而他的德国同伴却是朴素的天才。奥利维身上的美来源于文化，是"法兰西博大的文化与心灵的天才"的象征,而约翰·克利斯朵夫则是繁荣昌盛的大自然的代表。奥利维是一位观察家,而克利斯朵夫是一位行动者。奥利维身上反映着一切,而他的同伴却照亮了一切。奥利维创造着思想,"他将所有从实践中获得的力量都转入思想",而克利斯朵夫则创造着活力,他力求改善的不是世界,而是自己。

奥利维留给人的第一印象似乎是软弱、胆怯和不积极的,他的朋友刚开始也这样认为,以致责备他说:"怎么搞的,难道你不会仇恨吗?"奥利维微笑着说:"我憎恨仇恨。同我蔑视的人斗争,让我恶心。"他不向现实妥协,他的力量来自孤独。"我不属于暴力的军队,我属于理性者的行列。"失败吓不倒他,胜利说服不了他,他知道暴力统治着世界,但他不承认暴力。

而约翰·克利斯朵夫则带着他日耳曼式的、野蛮的仇恨与种种障碍做斗争,将他们踩在脚下。奥利维明白,被踩坏的野草明天又会生长起来,他总是不带任何怨气地走过,正如歌德所想的那样:

> 对于无耻之徒,
>
> 谁也无须抱怨,
>
> 不管别人怎么对你说,
>
> 卑鄙者依然有力。

他不愿斗争,也逃避斗争,这并非由于害怕失败,而是由于漠视胜利。他蔑视不公,不屈从于任何成就,他可以为了基督而否定帝王,因为这位自由思想者的灵魂深处隐藏着最纯粹的基督教精神:"我害怕失去灵魂的安宁,于我而言,它比胜利更重要。

我不愿仇恨，对待敌人我的态度是公正的。在激情中，我要保持清醒的头脑，以理解一切，热爱一切。"

约翰·克利斯朵夫很快就理解了他的这位思想上的兄弟，他感到，思想上的英雄主义丝毫不亚于行动上的英雄主义。奥利维理想化的无政府主义毫不逊色于他英勇的反叛，因为他柔软外表下是坚如磐石的精神。任何东西都不能使奥利维屈服，或使其清醒的大脑混乱。

他永远不会随波逐流："他具有独立思考的判断力，没有什么东西能使其动摇。如果他爱上了什么，那他便会不顾一切地去爱。"公正是他清醒头脑唯一的狂热信仰，就像其先驱，更加柔弱的艾尔特一样，他有着追求正义的渴望，而以往每个时代的不公正都会使其感到压抑，因为他认为那是对世界秩序的干扰。

所以，他不属于哪一个派别，他永远只为不幸者与受压迫者说话，"永远同战败者站在一起"，他追求的不是去帮助大众，而是对个别人的支持，约翰·克利斯朵夫却想为全人类赢得艺术与自由的天堂。在奥利维眼里，真正的自由只有一种，那就是内心的自由，是人们只能为自己争取到的自由。群众的疯狂、阶级与民族间不断进行的争夺权力的斗争，使他感到痛苦，他与这一切格格不入。当法德战争似乎难以避免时，当约翰·克利斯朵夫也在爱国信念的驱使下按捺不住而准备参加战斗的时候，唯有奥利维仍坚守着自己的立场。

他对自己德国的兄弟说："我热爱自己的祖国，正如你爱你的祖国一样，但是我能为此背叛自己的灵魂，出卖自己的良心吗？这恐怕意味着背叛自己的祖国。但我属于思想的军队，而不属于暴力的军队。"而残忍的暴力往往却会对非暴力者复仇，将其踩在脚下。只有他真正的生命，即他的思想，仍然活在世上，将他坚信的神秘的理想主义传给未来的一代。

这两位主人公，一个是精神的天才，一个是行动的天才，他们相互呼应。在喜爱艺术、酷爱自由和追求思想纯洁方面，他们是完全一致的。他们都认为对方"虔诚而自由"，在罗兰的"灵魂的音乐"，即"善"这一领域，他们也是兄弟。只是克利斯朵夫的善是出于本能的善，因而带有自发性的特点，时常会被突然出现的仇恨打断。而奥利维的善却是有意识的、理智的，不过偶尔也会带点讽刺意味的善。

但正是由于这种对立与纯粹原始的相互补充形式，使他们感到了相互间强大的吸引力：克利斯朵夫信仰的粗暴使奥利维重新看到了生活的欢乐，而克利斯朵夫则从奥利维那里学到了公正。智者因强者而振奋，强者因智者的公正而纯洁了自己，他们是彼此的福星，这本该成为一种象征，促使其思想上的友谊成为两个兄弟民族间的灵魂纽带，将"西欧的两翼"结合起来，以便让欧洲精神翱翔在以往血腥年代的上空。

葛拉齐亚

约翰·克利斯朵夫是创造性的行动，奥利维是创造性的思想，书中还需要第三种形式，才能使这生活的两极连接起来，那就是葛拉齐亚的创造性的现实。为了实现自己，葛拉齐亚必须保持自己的美丽与明净。像以往一样，她的姓名首先象征性地说明了一切：文静美丽。在落日的余晖中，她遇到了那个强大的男人约翰·克利斯朵夫·克拉夫脱，她以女性沉静的美帮助这个性情暴烈的人与世界合拍，达到最后的和谐。

以往，在约翰·克利斯朵夫走向世界的广阔道路上只有两种人——战友和敌人。遇到葛拉齐亚之后，他第一次看到了一个不紧张、不激动，无怨气的人，这就是他在自己的音乐中寻找了多年的澄澈的和谐。

葛拉齐亚不是一个感情炽烈得能将自己燃烧成灰烬的人，由于生活的疲惫与一种娴雅的懒散，她的内在情感的火焰即将熄灭。但她身上震颤着的"灵魂的音乐"，伟大的善，使她亲切地与克利斯朵夫接近。她并没有继续助他向前奔跑，因为他已经跑得太远，两鬓已经斑白，她只带给他宁静，以及"来自拉丁天国的微笑"。

在这里，他那极度的恐慌犹如西去的浮云悄然消散。曾经狂野的柔情、不觉中产生的对爱的渴望，以及那"燃烧的荆棘"中几乎将他毁灭的火焰，都在与他"不朽的爱人"葛拉齐亚的"超越感官的婚姻"中得到了净化。

约翰·克利斯朵夫从奥利维那里得到了清醒，在葛拉齐亚那里得到了温柔。奥利维使他与世界和解，葛拉齐亚使他与自己和解。奥利维是带他穿越地狱烈火的维吉尔，葛拉齐亚则是引导他进入伟大和谐天国的贝特丽采。

欧洲精神的三重奏从未以如此高雅的象征演奏过，这三种象征便是德意志深沉的野性，法兰西的清新与意大利的柔美。而克利斯朵夫生命的旋律就融在这壮丽的乐章中。他现在是世界公民，他熟悉一切情感、国度与语言，他终于可以进入所有生命最后的统一——死亡。

"纯洁美丽的女人"葛拉齐亚是小说中最宁静的人物形象之一。她从动荡的世界走来，面带蒙娜丽莎般温柔的微笑，那微笑仿佛一道清澈的阳光，涌进明快的精神领域。如果缺少了她，整部作品和人物都将索然无味，会失去"永恒女性"的巨大魔力，以及对最后奥秘的探索。在她消失后，仍留下一道光芒，使这部充满激情与战斗的书蒙上了淡淡的哀愁，使小说中融入一种新的恬静的美。

约翰·克利斯朵夫与人

约翰·克利斯朵夫与人们之间虽然存在着一切内在的联系，但他所追寻的艺术家之路，说到底是一条孤独之路。这条路只通往自身，他永远在研究着自己这个不解之谜。祖辈的血液将他从无尽的混乱推向无尽的创作。他一路碰到的人，归根结底不过是阴影和暗示、路碑和经验、升降的阶梯，以及插曲和经历。但是，认识本来就是经验的汇集，生活本身就是一次次际遇的总和。人，不但是约翰·克利斯朵夫的命运，而且是他的创造材料。

所有的人都在帮助他。他得到了朋友们的帮助，得到了敌人更多的帮助，因为他们使他的活力增强，使他的力量被激发起来。他们想要阻碍他时，恰恰是帮助他进行创作（除了永远的创作，还有什么属于真正的艺术家呢），在他激情的交响乐中，他们是不可或缺的交织在强大节奏中的或明或暗的音部。

童年时代，他碰到了高脱弗烈特这个人物，那是一位具有托尔斯泰精神的善良老人，他总是行色匆匆，通常只住一夜。这个永远流浪的犹太人，挎着背包，善良、乐观，从不发牢骚，从不抱怨，他弯着腰，不知疲倦地走向通往神的道路。他与克利斯朵夫的生活只有短暂的接触，但这足以鼓舞这位创造者。还有那个作曲家哈斯勒。

在约翰·克利斯朵夫刚开始创作时，他的形象在克利斯朵夫眼前一闪而过，但就在那一瞬间，克利斯朵夫便看到了他在精神懈怠方面与自己何等相似，这使他立即警觉起来。他人对他是感情的暗示、召唤、征兆和心声。每个人都在鞭策他，有的用爱，有的用恨，舒尔茨老人在克利斯朵夫绝望的时刻，用理智帮助了他。

冯·凯里希夫人的骄傲与小镇居民的愚蠢，使他又一次陷入绝望，他决定逃亡，而这恰恰拯救了他自己。毒药与良药惊人地相似。对于创造者来说，任何事物都是有意义的，因为他对一切事物都赋予了自己的思想，并在作品中使那些阻碍他生命的东西复活。为了认识事物，他必须忍受痛苦。他总是从悲痛中，从最深的震动中汲取巨大的力量。

罗兰有意将约翰·克利斯朵夫最优秀的艺术作品的写作年代，置于其灵魂受到最沉重打击的时刻，即在奥利维逝世之后，以及"永恒的爱人"消失之后。平常人所遭遇的阻碍和痛苦这样的敌人，却是艺术家的朋友。因此，阻碍他的每一个人，对他来说都意味着鼓舞、养料和知识。正是为了达到他最深的创造者的孤独，他需要与人交流。

然而，在很长一段时间里他并没有意识到这一点。起初他对人的判断总是出错，因为当时指导他行动的是激情，而不是知识。开始，约翰·克利斯朵夫用他满腔的热情去对待所有人。他以为，人们都像他一样，正直、善良、直来直去。在判断的失误以及初次的失望后，他又一次在愤怒中看错了他们，他不得不在怀疑中为自己设防。于是在过高评价与轻视之间，逐渐形成了一个恰当的尺度。奥利维使他懂得了公正，葛拉齐亚使他走向柔和，生活的经历使他智慧，他不仅更了解了自己，而且更理解了他的朋友。

在小说的结尾，有一个似乎微不足道的场景：约翰·克利斯朵夫遇到了宿敌雷维一葛，并主动与其握手。这一主动和解的行为中不仅有同情，还有人生的经历带给他的教益与伟大的认识，这种认识对他关于英雄主义的格言稍做了一点改动："认识人们，还要热爱他们。"这也是他最后的信条。

约翰·克利斯朵夫与民族

这位放荡不羁的年轻人带着激情与偏见去观察人，因此他无法认清人的本质。他也以同样的热情与成见去观察人类大家庭与民族。许多人用一生的时间，只能从内部认识自己的国家，只能从外部去认识别的国家。而只有当我们也从外部去认识自己的国家，再像其他国家土生土长的孩子一样从内部去认识别的国家时，我们才能学会用欧洲的方式去观察问题，才能看清各个国家必须共同存在、相互补充的现实。

约翰·克利斯朵夫是一位为生命的全部而斗争的战士，所以他的路是由国家公民走向世界公民的道路，是走向"欧洲精神"的道路。

的确，约翰·克利斯朵夫像大多数人一样，开始总是带着偏见。起初，他高估了法国，在他早期的印象中，法国人有艺术的天性、愉快、自由，而自己的祖国德国却目光短浅。但在对巴黎的一番观察之后，他大失所望，因为他看到的只有谎言、浮华与欺骗。

渐渐地他才意识到，民族精神不像铺在马路上的鹅卵石那样摆在表面，必须到人民中去，必须在表象与谎言的深厚覆盖下去挖掘。很快，他就不再说"这些"法国人、"这些"意大利人、

"这些"犹太人、"这些"德国人了，不再把一个成见的标签硬贴在他们身上了。

每个民族都有一套自己的价值衡量标准，都有自己的错误、自己的谎言，正如他们都有自己的气候、风俗、历史、种族一样，这是无法用概念或语言来把握的。国家就像任何感受一样必须从内部形成，空话搭建起的只能是空中楼阁。

"各个民族的真理都是相同的，但各民族被称为谎言的理想主义却各不相同。从出生到死亡，每个人都与这谎言为伴，那是他们的生活必需品。只有不多的几位天才才会在英雄的战斗中摆脱这种谎言，获得思想上的自由。"

因此，想要进行自由的思考，就必须首先摆脱各种成见。这里没有任何公式可遵循，也没有什么心理药方可运用。就像一切创造活动一样，必须到客观现实中去，毫无保留地投身于所要了解的民族。有关民族或人类的科学只有一种，那就是心灵的科学，而不是书本上的科学。

只有这种心灵上的相互了解才能将各民族联系起来，也只有这样，他们才能消除使之分裂的永恒的误会，而之所以会产生这种误会，就是因为他们永远误以为只有自己的信仰才是唯一正确的信仰，只有自己的天性才是衡量事物的尺度，只有自己才是唯一正确的。

这被尼采称为"世纪病"的民族主义的集体自尊心，是"欧洲人目空一切的瘟疫"，它使各民族彼此疏远。这正如森林中的树木，他们一个挨着一个，却认为只有自己傲然独立，而没有意识到他们的根相互缠绕，树枝相互依偎。而各民族的人民、底层的劳苦大众、无产者却并未感到对立，因为他们感受到的是普遍的人的情感。

约翰·克利斯朵夫在来自布列塔尼的女仆西多妮身上发现"法国与德国的正直者是多么的相似"。后来，他又在那些杰出人物奥利维和葛拉齐亚那里发现，他们早就生活在歌德式的纯洁气氛中，"在那里，人们像感受自己民族的命运一样去感受其他民族的命运"。

团结，这是真理；仇恨，这是各民族的谎言；公正，这是人们与各民族间唯一真正的纽带，"我们一切民族，彼此都是债务人。让我们共同承担起债务与责任"。约翰·克利斯朵夫从一切民族那里遭受痛苦，同时也获得了恩惠，令他感到了失望，也使他受到了赞扬。他日益深入地了解了他们的本来面目。

漫游结束时，一切民族都已成了这位世界公民灵魂的故乡，这位音乐家梦想创作一部伟大的作品，一部伟大的欧洲交响乐，在这美妙的旋律中，各民族将由刺耳的不和谐变为最崇高的和谐。

法国的形象

在这部作品中，法国的形象非常重要，罗兰从双重视角对这个民族进行了描述，既从一个德国人的视角从外部进行观察，又从一个法国人的视角从内部进行观察。此外，主人公克利斯朵夫的判断不仅来自于观察，而且来自对观察的学习。

总地来说，这位德国人的思想方式被有意典型化了。他还生活在家乡的小城时，从未见过法国人，但传统的观念告诉他的是一种愉快的温情，"法国人善良，但是懒散"。这大概是他早期的德国式的感受：散漫的艺术家、粗俗的士兵、说谎的政客、卖弄风情的女人，但他们聪明、愉快、自由。

而德国式的秩序与冷静使他反感法国这种民主式的自由。他与法国女演员科丽娜（很像歌德笔下菲丽娜的教妹那一类型的人物）的第一次相遇，似乎证实了他轻率的判断，但与安多纳德的见面，使他体会到了另一个法国。"您这样严肃"，他惊异于这位文静而沉默寡言的姑娘，当时，她正流落异乡，在一些不可一世的暴发户那里当家庭教师，辛苦度日。她的气质与他历来的偏见千差万别，他总认为法国姑娘一定是轻浮、高傲、性感的。

他第一次感到法国具有"双重性之谜"，这第一声来自远方的呼声充满了神秘的诱惑。他感到了丰富多样的异国情调，他像格鲁克、瓦格纳、麦耶贝尔和奥芬巴赫一样，逃离了德国外省的狭隘环境，奔向了世界真正艺术的梦幻之都——巴黎。

到达巴黎之后，这位德国人首先感受到的是混乱，之后这一印象始终伴随着他。这是第一个也是最后一个最强烈的感受，他一直在抗拒着这一感受，因为再巨大的力量在这里总是因缺乏纪律而化为乌有。他的第一个向导西尔伐·高恩是一个假冒的"真正巴黎人"，实际上他是个移居巴黎的德国犹太移民，他与所有巴黎人一样打着巴黎式的手势，自称是哈密尔顿。他说他掌握着艺术界的所有线索。

他带约翰·克利斯朵夫拜访了不少画家、音乐家、政治家、新闻记者。但克利斯朵夫都失望地离开了，因为他从他们的作品中感到的是一股令人不快的"女人味"和令人窒息的空气。他看到的是吹捧，是粉红黛绿，听到的是一片喧嚣声，但看不到一部真正的作品。

在他看来，有的似乎称得上艺术，但却是一种细致的、过分精巧的、颓废的艺术，它来源于趣味而非力量，它的内部结构因讽刺而受到损坏，它聪明异常，极度精巧，带有古希腊浓厚的气息，如亚历山大时期的文学与音乐，那是这种行将消亡民族所散发出的气息，是正在枯萎的文化释放出的令人窒息的芳香。他看到的只是结局，他已听到"将这衰落的希腊炸毁的大炮的轰鸣声"。

在他认识的人中，有好的、坏的、虚荣的、愚钝的、沉默寡言的、聪明机灵的，但在巴黎社交界与沙龙中，却从未碰到一个令他信任的法国人，直到来自远方的女佣西杜尼出现。这是一个在他生病时照料他的乡下姑娘。从她身上，他立刻认识到，法国这块土地是多么肥沃、有力，而那些不相干的、人工栽培的巴黎之花却从中汲取着力量。

强壮有力的、严肃的法国人民在耕种着自己的土地，不在乎市场的喧嚣，以自己的愤怒引起了大革命，并用他们的激情推动了拿破仑战争。

从那时起，他就感到，一定存在着一个他还不认识的法兰西。一次，他问希尔伐·高恩："法国到底在哪里？"高恩骄傲地回答道："法国就是我们！"约翰·克利斯朵夫只有苦笑，他知道，他必须长时间地去寻找，因为他们将这个法国藏得很深。

最后，与一个真正的法国人，安多纳德的兄弟奥利维的相遇成了他命运的转折点。犹如在维吉尔的引导下，在新境界漫游的但丁，约翰·克利斯朵夫在这个"深谙灵魂的智慧之士"的引导下，惊奇地发现，在喧嚣的舞台与光怪陆离的表面现象背后，一些杰出人士在默默地工作。他看到了一些诗人的作品，但他们的名字从未在报纸上出现过。他看到这个民族中，许多温和的、正直的人，他们远离尘世的浮华，干着自己本分的工作。

他认识了法国新的理想主义，这种理想主义在法国遭遇失败后在思想上得到了巩固。在他发现这个理想主义后，他感到极度愤怒。

他对温和的奥利维嚷道："我就弄不明白，你们生活在最美丽的国度，拥有最优秀的人才、最人道的思想，却不知该如何行动。你们听任一小撮流氓统治一切，将你们踩在脚下。起来！团结起来吧！把你们房子里的垃圾清扫出去！"

这个德国人的第一个念头就是将优秀分子组织联合起来，进行斗争。但法国的优秀分子偏偏不愿投入战斗，一方面是由于某种神秘的因素，另一方面是由于些微的听天由命与一点悲观主义情绪。他们本就不愿采取行动，更不要说，组织他们采取共同的行动。

"他们太聪明了，他们在斗争开始之前就看到了它的反作用力"，他们没有德国人的那种乐观主义，所以他们都是孤独的，不过有的人的孤独是出于谨慎，有些人的孤独是由于骄傲。总之，他们有着"闭门不出的精神"，对此，约翰·克利斯朵夫在自己的住所看得最清楚。

每层楼都住着正直的人们，他们原本可以相互了解，但几十年来，他们走着同一个楼梯，却互不相识、互不关心，因而这里优秀的艺术家们彼此毫不知晓。

这时，约翰·克利斯朵夫突然在法国人民的优点与危险中发现了它最本质的思想，那就是自由。每个人都想要自由，没有人愿意受到约束。他们将大量的时间与精力浪费在各自独立的战斗中，他们不愿意被组织起来，与人联合。

他们的理性使其活动的力量减弱，但这种力量在他们的思想中还是自由的，因此，一方面，他们以孤独这种宗教式的热情将所有革命进行到底，另一方面，他们经常革命性地更新他们的信仰。这种精神成了他们的救星，因为它使他们摆脱了制度的束缚，并抵制了使人单一化的机械性。

约翰·克利斯朵夫意识到，喧嚣的集市戏台，不只为了吸引那些浑浑噩噩的人，它还可以使真正的行动者离开他们孤独的创造工作。

他看到，这种喧嚣对于法兰西民族的性格来说，是激励人们进行工作的需要。他的这种思想的前后不一致中蕴含着一种不断变革的节奏。与许多德国人一样，他对法国的第一印象是法国人不行了。

20 年之后，他发现他当时的看法并没有错，法国的确"不行了"，但他们一直都在重新开始。在他们似乎充满矛盾的思想中，有种不同于德国的另一种神秘的秩序与自由。

现在，这位世界公民再也不会将自己的民族特性强加于其他民族，他微笑着观察各民族间永恒的差异，他们就像光谱中的七色光一样构成了整个世界，构成了全人类这一永恒的共同体。

德国的形象

小说也是从两个方面对德国加以描述的，但与描述法国不同，对法国的描述是由外而内的，而对德国的描述是由内而外的，首先是对其内部进行观察，然后再对其外部进行描述。与法国一样，德国也无形地存在着两个世界：一个喧嚣的世界与一个宁静的世界，一种虚假的文化与一种真实的文化，一个旧德国与一个新德国，这个旧德国曾找寻过英雄主义精神和深刻的真理，而新德国则沉醉于自己伟大的力量与理性中，虽然这种理性曾一度依靠哲学的形式改变了世界，如今却在实际的商业活动中被胡乱使用。

　　但这并不能说德国的理想主义已经消逝，也不能说德国人对没有尘世罪恶的更纯洁更美丽的世界的憧憬已经不复存在。相反，正是由于这种理想主义传播得太广，以致变成了平凡庸俗的老生常谈而危及了自身的存在。德国人历来对上帝的坚定信仰。

　　如今，在对民族未来的思考中已变成了实用的世俗追求，在艺术中化为伤感，在国王威廉廉价的乐观主义中变得肤浅。法国的那场失败是对其理想主义的一次升华，而对于战胜方德国，它的理想主义却被物质化了。一次，克利斯朵夫自问道："取得了胜利的德国给世界带来了什么呢？"接着他回答了自己的提问："带来的是闪着寒光的刺刀，缺乏宽大胸怀的活动能力，野蛮的现实主义，以及与贪图利益结合在一起的暴力。"

　　克利斯朵夫痛苦地意识到，是胜利毁了德国，为此，他痛彻心扉，因为"对自己祖国的要求越高，对其弱点，就会感到更深的痛苦"。这位永远的革命者憎恨德国人自命不凡的大吹大擂，憎恨军人式的傲慢，以及粗野的帮派习气。在同军国主义的德国交锋时，在阿尔萨斯乡村的舞会上与一个蛮横的下等军士发生的冲突中，这个崇尚自由的人对纪律与野蛮思想的仇恨终于火山般爆发了。他被迫逃离德国，因为那里缺乏他想要的自由。

　　但正是到了法国，他却开始认识到了德国的伟大。"在异地他乡，他的思想变得愈加自由。"这句话适用于他，也适用于任何人。正是法国人的自由散漫和他们对命运犹豫不决的服从，使他认识到了德国人的毅力与乐观主义的活力，这种乐观主义正是将富于幻想的民族与热衷思考的民族进行对照的一个标志。

　　的确，他并没有看错，这种新德国的乐观主义并非总是正确的，而理想主义也正在变成理想化的强制性要求。他从他曾爱慕过的一个庸俗的女子身上看到过这一点，这个外省女人将自己的丈夫视为超人，认为他是善的化身。他也在一个地道的德国人彼得·舒尔茨身上看到了这一点，他是一位音乐教授、一位旧音乐的温和的代表。他甚至在那些杰出的大师们身上看到了这一点，库尔提乌斯曾用歌德的一句话来描述他们："德国人的理想主义会迅速化为伤感主义。"

在法国人的启发之下，正直的他满怀热情地反对这模糊不清的理想主义，因为这种理想主义有着对客观现实和主观愿望的妥协，它用文化为强权辩护，用力量为胜利正身。他用自己的理想主义，即"认识生活，并热爱生活"，与这种理想主义相对抗。在法国，他感到了法国的缺点；在德国，他发现了德国的缺点，他爱这两个国家，正是由于它们的截然对立。

这两个国家都因自己价值的不当分配而深受其害：在法国，因自由过于普遍、过于广泛，而造成混乱，只有个别优秀人物能保持着自己纯粹的理想主义；在德国，则因理想主义在群众中过于普及，而逐渐发展成伤感主义与唯利是图的悲观主义，只有少数孤独的精英才能保持自己完全的自由。这两个国家都因紧张的对峙和民族主义而处于痛苦之中。

正如尼采所说，民族主义"毁坏了法国的个性，损害了德国的精神和趣味"。这两个民族如果能相互接近和了解，那它们就能消除痛苦，并体会到克利斯朵夫的个人感受，那就是"越富有德国式的幻想，就越需要美好的乐观主义"。

友谊将奥利维与克利斯朵夫联系在了一起，他们梦想让这样的感情也在两个民族间永远保存下去，而在这两个兄弟民族发生冲突的阴暗时刻，这位法国人向德国人喊出了至今还未实现的话："让我们伸出双手，无论什么谎言和仇恨，也不能将我们分开。为了我们伟大的精神与民族，我们需要相互扶持。我们是西欧的双翼，如果一只翅膀折断，另一只翅膀便无法飞翔。让战争尽管来吧。它无法拆散我们紧握的双手，也无法阻止我们兄弟民族情谊的升华。"

意大利的形象

日益衰老疲惫的克利斯朵夫又开始研究意大利，这未来欧洲联盟的第三个国家。以前他从未在意过这个国家。同当年在法国一样，对意大利早已有之的偏见阻碍着他前进的脚步，因为各民族都喜欢用一些偏颇的说法来贬低其他民族，以借此证明本民族的特性是唯一正确的。

但是，踏上意大利的国土不到一个小时，他的所有偏见便消融在神奇的陶醉之中，他未曾见过这样独特的美景，山川的光辉洒满他的全身，直通他内心，重塑着他的形体，他立即融入这让人愉悦的氛围中，尽情享受。

他猛然感受到了一种全新的生活节奏，它没有德国的那种狂暴力量，也没有法国那种神经质的反复无常，这"绵延了千百年的古老文明"以自己的魅力使这个野蛮人陶醉其中。到目前为止，始终只关注未来的他，这时却立刻体味到往昔的无尽诱惑力。

当德国人还在寻找自己的形式，法国人还在不断重复和革新自己的形式的时候，他却在这里发现了这样一个民族，这个民族继承了自己深厚的民族传统，坚决忠于自己的历史与土地，以培育出无与伦比的民族之花。

然而，克利斯朵夫在这里无法找到他迫切需要的生命元素：斗争。这里的全部生活都弥漫着一种懒散倦怠的气息，这会削弱人的意志，是危险的。"罗马散发着死亡的讯息，因为这里到处都是坟墓。"

意大利的民族英雄马志尼与加里波地点燃的斗争烈火，虽然锻造了不少意大利英雄，而今却只在少数人心中继续燃烧。尽管这里也有理想主义，但这种理想主义与德国和法国式的、向往世界大同的理想主义完全不同，它只沉迷于本民族："意大利的理想主义只关心自己，只关心自己的期望，自己的民族与自己的荣誉。"

在安宁平静的氛围中，意大利理想主义的火炬还不足以照亮整个欧洲，但这纯洁而美好的理想主义在随时准备为激情奋起的年轻人心中燃烧着，现在只需等待着激情被触发的那一刻的到来。

约翰·克利斯朵夫开始喜欢意大利了，但同时他又害怕这种情感。他感到自己需要这个国家，以便在他的音乐与生活中，将放荡不羁的情感升华为纯美的和谐。他意识到，北方国家是多么需要这个南方国家，因为只有当各声部组合成美妙的三和弦时，才能体现出各声部的本质。这里幻想少、现实多，但这现实太美好了，它诱惑人们去享受，从而阻碍着行动的发展。

如果说德国的理想主义是一种危险，因为它传播太广，而在普通人身上变成了一种谎言，如果说法国的自由是一个致命伤，因为它将个人禁锢在孤独的思维之中，并使他远离大众，那么意大利的美则是它最大的危险，因为它削弱了人的意志，使人变得过于懒散、顺从与满足。

一个民族与一个人一样，它身上最具特色、最能鼓舞和帮助他人的东西，恰恰是对它最大的危害。因此，要拯救一个民族或一个人，就需要它尽可能多地团结起自己的对立因素，以追求那最高的理想：统一的欧洲民族和人类的大团结。无论是在法国、德国，还是意大利，日益老去的约翰·克利斯朵夫一直心怀当年

22 岁的罗兰在霞尼古勒高地第一次明确感到的那个梦想：创作一曲欧洲交响乐。

至今，罗兰已经为各民族在自己的作品中呈现了这一梦想，只需等待各民族将它转化为现实。

没有祖国的人们

克利斯朵夫对这三个相互对立的民族，时而喜欢，时而厌恶。但无论在哪一个民族中，他都会遇到一种人，这种人能适应所有的民族，但又没有完全融入其中，他们就是犹太人。有一次，他对奥利维说："你有没有注意到，我们总是在与犹太人打交道，而且只是在与他们打交道。或许可以说，是我们吸引着他们，他们的身影随处可见，有时作为我们的敌人，有时作为我们的朋友。"

的确，他到处都能碰到犹太人。在他的故乡小城，犹太富商是他的《狄俄尼索斯》最初的资助人（当然是为了私利），矮小的希尔伐·高恩是他在巴黎时的向导，雷维一葛是他的敌人，维尔和莫克则是他最忠诚的两位朋友。奥利维和安多纳德也经常碰见犹太人，他们有的态度友好，而有的心怀敌意。在这位艺术家经过的每一个十字路口，总会遇见犹太人，他们就像路标一样，指明了通往善恶的方向。

不过，克利斯朵夫的第一反应却是反抗。虽然他酷爱自由的天性并未受到任何群体仇恨的影响，但他早已从笃信宗教的母亲那里继承了对犹太人的敌意，因此他从不相信这些头脑过于冷静的人会理解他的作品和思想。但他又不得不承认，他们是唯一关心自己的艺术的人，唯一关心新鲜事物的人。

奥利维有着更敏锐的洞察力，他指出，不受传统约束的人往往会不自觉地成为新鲜事物的开路先锋，没有祖国的人恰恰是对抗民族主义的最好帮手。

"我们中间，几乎只有犹太人具有生机勃勃的新思想，而其他人都因拘泥于历史的传统而停滞不前。对犹太人而言，根本就没有历史，或者说，没有我们所认同的那种历史。我们可以和他们谈论今天，和我们本民族的人却只能谈论昨天……我不敢肯定我能接受他们的一切行为，因为他们的有些行为让我感到厌恶。但至少，他们在生活，并善于去理解这种生活……犹太人是现代欧洲一切善与恶最坚定的代表。他们在不自觉地传递着思想的种子。你难道不是在他们中间找到了邪恶的敌人与友善的朋友吗？"

对奥利维的这一看法，克利斯朵夫表示赞同。"是的，他们给了我勇气与支持，并激励起我的斗志，因为他们用自己的方式向我表明，有人理解我。然而，与我保持长久友谊的朋友并不多，他们的友谊就像瞬间消失的闪电一般。但不管怎么说，这种有如昙花一现的闪光在黑暗中却是无比珍贵的。你的看法是正确的，我们不能忘恩负义。"

于是，他将这些没有祖国的人放入了各个民族中。他清楚犹太人的缺点，可他也看到，虽然对于欧洲文化而言，他们并不是具有高度创造力的人，他们最深刻的本质是分析与破坏，但是这种破坏恰恰是最重要的，因为他们瓦解了一切新生事物的死敌：传统。

没有祖国的犹太人就像牛虻一样，要将"民族主义，这一脱了毛的老牛"赶出自己的思想领域。他们破坏着早应死亡的，以及"永远成为过去"的思想，而促进他们自身无力创造的新思想的诞生。这些没有祖国的人是未来"优秀欧洲人"最好的助手。

虽然克利斯朵夫在很多时候对他们身上的许多东西感到不快，如他们的怀疑主义、讥讽态度、物质主义等，但是这位强者却在他们身上发现了坚强的意志与旺盛的生命力，发现了"行动与生命的酵母"。

没有祖国的人总能最快、最深地理解一个失去了祖国的人的心情，同样，一个世界公民也更能深刻地体味到没有祖国的人的悲惨境况，那种脱离一切，甚至脱离自身的无依状态。他感到，虽然他们本身绝不是任何目标，但他们却是极好的媒介。像一切民族与种族一样，他们也需要一个对立物以对其加以约束。

犹太人的思想，同法国与德国人的思想一样，不可能成为法律。但他希望犹太人就是自己本来的样子。每个民族都应该保持自己的特点，以丰富千姿百态的大千世界，让生命之光更加灿烂。整体中的个体都有其特定的含义，在伟大的和谐中，每一个个体都起着独特的作用（年迈的克利斯朵夫终于与世界握手言和）。个体之间的敌意，反而有利于整体的统一。要建造新的，就必须摧毁旧的。

于是，克利斯朵夫向那些没有祖国的人致意，这些散居各国的人将是建立属于全人类的新祖国的好助手，他们已被列入了克利斯朵夫未来的欧洲梦想，他们酷爱自由的热血正迎着欧洲思想那宏伟的节奏向前奔去。

各 代 人

总之，将人们同其他民族隔开的祖国，禁锢人们思维的语言，使人们无法理解其他宗教和用偏见及错误的概念来阻碍通向真实之路的本民族特性，这一切就像一道道围墙一样，使真正生活着的人们无法获取自由，因此，人们必须摧毁它们。各民族之间无法相互理解，种族、信仰和个人之间无法相互沟通，它们彼此毫无联系，这种隔阂是可怕的，因为每个人都只体验到部分的生活、部分的真理和部分的现实，但每个人却认为自己体验到的那一部分已经是事物的全部。

然而，即便是自以为"摆脱了关于祖国、信仰和种族幻想的自由人"，却也无法跳出最后一个魔圈，那就是时代的束缚。因为各个时代是人类不断上升的阶梯，每代人必须在前人的基础上建造自己的阶梯，这里既不能前进，也不能后退。每一个时代都有自己的法则、形式、道德和内涵。

而其可悲之处在于，并非每一代人都能平和地接纳前人的成果，正如人类之间与各民族之间一样，他们往往对已过去的那些时代充满敌意与偏见。这里存在着的一条永恒的法则便是斗争与不信任。后一代人必定会抛弃前一代人的一切，而只有到了第三代或第四代才会重返前辈的道路。因此各代人之间的斗争是永无止境的。

任何一代人对待前一代人必然是不公正的。"前后相继的各代人，总是很容易发现与自己相邻时代的缺陷，而难以发现它们之间的一致性。为了强调自身存在的重要性，它们不惜说谎或采取不公正的态度。"各代人与单个人一样，都经历过这样一个时期，"那时他们为了生存，只能采取不公正的态度"。他们必须用自己全部的思想、形式和文化来证明自己，而毫不在乎后代人，正如前代人对待他们一样。

森林中有这样一条自然法则：新树夺走老树的土壤，毁掉它们的树根，并在死树的朽木上继续生长。同样，各代人也在斗争，无论他们自己与所处的时代是多么格格不入，都要为自己的时代进行斗争。

年轻的约翰·克利斯朵夫憎恨自己所处的时代，他独自起来反抗，结果在不觉中便成了拥有这一思想者们的代表。在他身上反映出的是，年青一代与垂死一代的对抗，他的不公正反映出整个时代的不公正，他的年轻反映出时代的年轻，他的热情反映出的是时代的热情，而他也在同自己的时代一起逐渐衰老。

他看到，在他前方已掀起了新的波涛，准备摧毁他的创作。曾经与他一起并肩战斗过的革命者都已成为保守分子，他们如今与年轻人作战，正如他们年轻时同老年人作战一样。斗争一如既往，只是参战者不同了。

但是约翰·克利斯朵夫却面带微笑，友善地注视着新的一代，因为他热爱生命胜于热爱自己。他的朋友埃马努埃尔试图说服他为自己辩护，并从道德上对新的一代加以谴责，因为这一代人把老一代人耗尽一生竭力维护的真理说得一钱不值。

但克利斯朵夫反问道："什么是真理？我们怎能用上一代的道德标准来衡量新的一代？"他的朋友又给出了一个有力的证据："如果不将一个标准上升为法则，那么我们为什么要费尽心机地寻找它呢？"

于是，克利斯朵夫向他陈述了生命的永不停息："他们从我们这里获取了经验，却背信弃义，这也在情理之中。但是，他们也在我们努力的基础上加强了自身的力量，而继续前行。他们会比我们走得更远，他们会实现我们未曾实现的愿望。如果我们体内尚有一丝年轻的气息，就应该向他们学习，重燃我们青春的火焰。如果我们无法做到这一点，则说明我们已经老去，但我们至少应该为他们感到高兴。"

一代人也必须经历成长与消亡的过程。世间万物都遵循着自然规律，这位信仰坚定的伟人也不例外。不过他已注意到，这种价值观的变换有其独特的周期（这也是本书最深刻的文化史结论之一）。

在过去，一个时代、一种风格、一种信仰、一种世界观，可以在整整一个世纪占据统治地位，如今却不足一个人生命的长度，往往不过十年而已。斗争越来越激烈、越来越疯狂，人类更快地吸收并消耗着思想。

"欧洲思想正在迅猛发展……过去，对偏见与期望的储备足够用上 20 年，但现如今仅仅 5 年便已用尽。每一代人都携着自己的思想，飞奔向前，并不时相互超越。"而这种思想变化的节奏正是这部小说的根本。

当约翰·克利斯朵夫从巴黎回到德国时，德国的变化之大使他几乎无从辨认，而当他从意大利返回巴黎时，巴黎也已不再是曾经的那座大都市：虽然还是同样的集市，同样的喧哗，但已换上了与昔日不同的价值观、信仰与思想。奥利维与其儿子似乎有着千差万别的精神世界：父亲眼中的珍品，儿子却视为粪土。可见，20 年就是一道深深的鸿沟。

克利斯朵夫意识到了这一点，同样，作者也意识到了。

生命需要的是不断更换的新的形式，某种特定的思想、哲学与信仰都无法阻止它前行的步伐：生命总是随时毁掉各种概念的限制。每一代人只理解自己，他们的话只不过是留给后代的遗言，而后代人总是凭自己对这遗言的理解来履行它。

真理只属于每一个获得了真理的人。"真理，根本不存在真理，只有竭力寻求真理的人。没有自由的民族，没有自由，而只有自由的人。"他们的生命就是对其他人唯一的教诲。

所以，作为他那一代悲剧式的、孤独的人，在遗嘱中，他给

"一切时代和一切民族中受难、战斗，并将取胜的自由灵魂"，留下了一个自由灵魂的宏伟画面。他说："我写下了正在消失的一代人的悲剧，我不想隐瞒这一代人的善与恶，隐瞒他们的痛苦与盲目的高傲，以及他们与痛苦的艰辛斗争。这一代人肩负着重建一个新世界（新的道德、美学、信仰和新人类）的沉重任务，我们这一代人也是如此走过来的。"

"你们，作为当代的年轻人，现在是你们的时代！超越我们，走到队伍的最前列吧。你们应该比我们更伟大、更幸福。我要向我过去的灵魂告别。我要将它当做一个空壳加以抛弃。生命就是不断地死亡与复活。克利斯朵夫，为了迎接新生，让我们安息吧！"

最后一瞥

伴着宏伟的音乐，约翰·克利斯朵夫跨越生命的洪流，到达了彼岸。他肩负的遗产，即世界的意义：对生活的信念，在经历了惊涛骇浪之后，现在似乎已经脱离了危险。

他再一次回望对岸的民众和他已离开的故土。一切在他眼中都变得如此陌生，他无法理解那些怀抱狂热幻想的新一代，这新的一代更有力、更偏颇，信奉着另一种英雄主义。他们通过锻炼强健了体魄，通过飞行增强了勇敢精神，"他们为自己发达的肌肉与宽阔的胸脯感到骄傲"，为自己的祖国、宗教、文化感到骄傲，他们为一切自认为共有的本质感到骄傲。他们用这些骄傲铸就自己的武器。他们"更愿意去行动，而不愿意去思考"，他们想要展示并不断检验自己的力量。这位垂死之人痛苦地看到：对战争一无所知的这一代人却渴望战争。

他环顾四周，不由得惊恐万分："那场余烬未熄的欧洲森林大火又蹿出了火苗，并燃烧了起来，一处被扑灭，另一处又喷出火焰，大火越烧越旺，浓烟滚滚，火星四溅，吞没了整片干枯的灌木丛。东方已经打响了第一枪，这是各民族间空前大战的前奏。昨天，欧洲还在徘徊不定，就如一片寂静的森林，淡泊宁静，今天却也被大火吞噬。每个人心中充满着对战争的渴望。战争随时都有可能爆发。它往往死而复生。一个微不足道的借口就有可能引发一场战争。各民族的安危与某一偶然事件联系在一起，稍一大意，便是腥风血雨。爱好和平的人们痛苦地感到这一切是难以避免的。而那些隐藏在法国无政府主义的创始人蒲鲁东庞大阴影后的思想家们，却在庆祝从战争中所获得的'人'这一最高荣誉称号。"

"西方各民族将不得不用这种方式结束肉体与精神的再生。对功利的渴望与信念使他们卷入屠杀之中。而要为这种盲目的行为制定一个周全的目标，只有拿破仑式的天才才能做到。但是当时的欧洲却找不到这样一位行动的天才。人们或许会认为，可以从最卑微的人群中为世界选出统治者。而人类的精神力量却隐藏在别处。"

于是克利斯朵夫回想起了曾经的那些孤寂的无眠之夜。当时惊恐的奥利维和他在一起。那时天边只飘浮着一丝雨云，而今整个欧洲上空黑云密布。对团结的呼吁与冲破黑暗的尝试都徒劳无功。这位先知悲哀地回头望去，看见远处出现了"启示录"中的骑士，那是兄弟间战争爆发的送信人。

不过，这位将死之人身边却站着一个孩子，他懂事地微笑着：这个孩子便是永恒的生命。

哥拉·布勒尼翁
（诙谐的间奏曲）

意料之外的决定

十卷本的巨著《约翰·克利斯朵夫》终于完成了，罗曼·罗兰紧张忙碌的生活第一次出现了宁静，他自由了，可以进行新一轮的创作，塑造新的形象，发表新的作品了。他的学生约翰·克利斯朵夫已经走进了人们的内心，瑞典作家埃伦·凯称他为"我们所见过最生机勃勃的人"，他将朋友们，一个不断壮大的温和的群体，聚拢到自己周围。但对罗兰来说，他所提倡的东西已成为了历史。

罗兰需要寻找新的信使来传递新的信息。

罗曼·罗兰再次来到瑞士，这是他热爱的地方，这片土地与他喜爱的另外三个国家接壤。他的多部作品在这里广受欢迎，而他的那部巨著《约翰·克利斯朵夫》便是在这里开始动笔，并在其边境得以完成的。明朗宁静的夏日使他得到了充足的休息，紧张的神经松弛了，最重要的工作已经结束，现在可以轻松地思考各种计划，很快他就为一部新的长篇小说，为克利斯朵夫的精神与文化所构成的剧本积累了许多资料。

罗曼·罗兰在动笔之前总是踌躇不定，这已是他的老习惯了。就像25年前，在霞尼古勒高地，他眼前突然出现约翰·克利斯朵夫的形象一样，现在，在无数个不眠之夜，他脑海中总会出现一个既陌生又熟悉的形象，那似乎是一个他祖辈的同乡，这个人鲜活地站在他面前，推翻了他的一切计划。

此前不久，罗兰回了一趟离别多年的家乡克拉姆西，古老的城市激起了他对童年的回忆，浓浓的乡情不禁涌上心头，这位故乡的孩子在描绘了远方他国之后，想要为自己的家乡画像。罗兰曾经以全部的力量与激情将自己从一个法国人变成一个欧洲人，并向全世界宣布了这一点。而现在，他却准备做一个纯粹的法国人、勃艮第人、尼韦内人，来进行创作。

这位能够将各声部与一切最强烈的情感协调在自己交响乐中的音乐家，如今渴望着一种全新的节奏，渴望在欢乐中放松自己。过去的10年中，沉重的责任感一直在他心头挥之不去。现在，写一支诙谐曲，一部轻松自在的作品，对他来说的确是一种莫大的享受。因为这部作品将远离政治、道德和时事，不用担负任何责任，这是一次逃避现实的创作。

他突然在某一天夜里产生了这种想法，第二天他便欢天喜地地将原计划弃之一旁。于是，新的乐曲伴着欢快的节奏徐徐响起。最后，罗兰自己也感到惊奇的是，在1913年夏季，自己居然完成了一部欢快的小说《哥拉·布勒尼翁》，一支欧洲交响乐中的法国间奏曲。

一个勃艮第人

最初罗兰脑海中突然出现的形象，是自己的一个同乡，与自己同一个血统，但又与自己不同。的确，这是另一种旋律、节奏、音调与时代。但是，如果仔细倾听这个人的声音，就会发现，这部欢快的小说其实并未脱离罗兰的主题。哥拉·布勒尼翁出生于勃艮第，为人老实，是一位了不起的木雕师傅，好酒，好开玩笑，尽管他足蹬翻口皮靴，身穿有褶边的衣服，可他却是约翰·克利斯朵夫几百年前的兄弟，正如艾尔特王子与路易国王是奥利维曾经的祖辈一样。

同其他作品一样，小说最根本的基础仍是同一个主题：一个人，一个有创造力的人（罗兰对其他人是看不到眼里的），是如何战胜生活的，特别是如何战胜自己悲剧性的生活的。《哥拉·布勒尼翁》这部小说，与《约翰·克利斯朵夫》一样，描述了一位艺术家的一生，不过这却是另一类艺术家，一类不可能出现在《约翰·克利斯朵夫》中的艺术家，因为我们这个时代已经见不到这样的艺术家了。

哥拉·布勒尼翁是那种缺乏魔鬼般力量的艺术家的代表，他们凭借自己的忠诚、勤奋和热情而成了艺术家。布勒尼翁最初靠自己的手艺，从日常的市民工作做起。由于他的人道主义精神、严谨的作风和淳朴的心灵才使他步入了艺术的殿堂。

罗兰在塑造布勒尼翁这一人物时，脑海中闪过了一切无名艺术家的形象，他们默默建造了精美的石像、法兰西大教堂里的正门、华丽的殿堂和铁铸的花边。他们并没有将自己的虚荣与姓名刻进石雕，但是却将另一种现在已经十分罕见的东西嵌进了自己的作品，那就是创作的欢乐。

早在《约翰·克利斯朵夫》中，罗兰就曾歌颂过那些年迈的、沉醉于自己的艺术与默默无闻的工作中的老工匠们，并以此来暗指塞巴斯蒂安·巴赫及其家人的朴素形象及其简朴的生活。

当时，他已呈现出了"英雄的卑微生活"，以及俗世生活中那些平凡的英雄，并指出他们始终是挑战永恒命运的无名胜利者。在这部小说中，罗兰就希望塑造这样一位英雄，以便在米开朗琪罗、贝多芬、托尔斯泰、亨德尔这样的艺术家中，能有一位轻松愉快地进行创造的艺术家。他的体内并没有潜藏着魔鬼，但他却是一位诚实正直、能完美地协调各感官的天才。他从来没有思考过拯救世界、挖掘情感和研究思想之类的问题。他考虑的只是精湛自己的手艺，使之趋于完美而最终达到永恒。这位顺其自然、凭着感觉走的手工艺术家与现代神经质的艺术家相互对立。

罗兰笔下的艺术家必须能够投身于生活的斗争中，必须是一个战胜自己命运的真正自由人，哥拉·布勒尼翁也不例外。这位矮小、开朗的市民的确经历了许多人生最大的悲剧。他的家连同他整整 30 年创造的作品都付之一炬，妻子离开了这个世界，战争摧毁了他的家园，妒忌与怨恨毁掉了他仅剩的一点作品，最终，病痛又将他抛到人生的一个狭小角落。除了与衰老、贫穷和痛风做斗争，除了"他创造的灵魂"、孩子、学徒和他的一个朋友之外，他一无所有。

不过，这位勃艮第农民的儿子自有力量与命运做斗争，这股力量绝不亚于约翰·克利斯朵夫强烈的德国式的乐观主义和奥利维牢不可破的精神信仰。他的力量就是其自由乐观的态度。他曾说："痛苦从来不会妨碍我欢笑，欢笑也不会妨碍我痛苦。"他平日纵酒享乐、游手好闲，但当不幸来临时，他却意志坚定、无欲无求。

当大火烧毁他的房屋后，他开玩笑地说："我拥有得越少，就越富有。"与那来自莱茵河岸的兄弟约翰·克利斯朵夫比较起来，这位勃艮第手艺人虽然没有如此大的成就，但他同样坚守着自己深爱的土地。而当克利斯朵夫身上的魔鬼在满腔仇恨和癫狂中咆哮时，布勒尼翁却以他高卢人的乐观与健康开朗的性格面对命运的责难。积极乐观的态度，作为思想自由的另一种形式，帮助他战胜了死亡与不幸。

罗兰作品中主人公的最终思想便是自由。他笔下的典型形象总是在对抗着命运与上帝，永远不会让生命中的任何不幸占上风。在这部小说中，罗兰有意避开了魔鬼式的戏剧气氛，而选择将市民生活作为这场战争的阵地。在公正的罗兰看来，天才的世界与普通人的世界是平等的。他正是在一个小人物身上展现出了伟大。

作品中，那位固执的孤老头不肯搬去与自己的女儿同住，当他的家被烧毁之后却故意摆出一副毫不在意的样子，以便打消别人对他的同情，这一切看似可笑，但这些既悲又喜的场面呈现出了一个丝毫不亚于约翰·克利斯朵夫的人物典型，它表明意志坚定的人始终是命运的主人，因而也是生活的主人。

哥拉·布勒尼翁首先是一个自由人，其次才是一个法国人和公民。他爱国王，但只是在其赐予他自由的时候；他爱妻子，但却由着性子做事；他偶尔去拜访牧师，但从来不进教堂；他爱自己的孩子，但从来不肯住在他们家里；他同所有人友好相处，但从不受他人支配。他比国王更自由，这就使他拥有了只有自由人才具备的幽默感，因为这个世界都是属于自由人的。

在任何一个民族与任何一个时代，能战胜自己命运的人一定是那些生机勃勃、自由往来于人事之间的人。

莱茵河畔严肃的居民克利斯朵夫说："什么是生活？生活就是一出悲剧！万岁！"而他那来自葡萄酒的故乡勃艮第的兄弟布勒尼翁回答道："斗争是艰苦的，但斗争却是一种享受。"这两个人跨越了时间与语言的阻隔，以会意的目光注视着对方，因为他们感到，身处各个时代、各个民族的自由人之间都是相互理解的。

高卢精神

罗兰想把《哥拉·布勒尼翁》当作一部间奏曲，一项惬意的工作，以便能让自己体会一下不担负任何责任的创作乐趣，但是在艺术中不可能存在不担负责任的事。不过尽心竭力去做的事，结果往往一团糟，而轻松愉快去做的事却完成得很出色。

从艺术的角度来看，《哥拉·布勒尼翁》也许是罗兰最成功的作品。因为整部作品从头至尾按同一个节奏如行云流水般涌流而出，从未在个别问题上稍作停留。

《约翰·克利斯朵夫》却是一部担负着责任并讲求平衡的书，它对每一个时代都要从其各个方面进行探讨和考察，并公正地对待每一个国家与民族。如百科全书般的小说包罗万象，这样势必会将无法进行音乐加工的内容勉强包括进去。

但《哥拉·布勒尼翁》从始至终贯穿着同一个基调、同一种节奏，第一乐章奏出后，全书便倾泻出同一首明快的旋律。

罗兰为这支旋律找到了极为恰当的形式——散文诗，它工整押韵，但并不是诗句，也不分行。也许，这一小说的基调取自法国象征主义诗人保尔·福尔的作品，但福尔的《法兰西短歌集》中，韵律叠合交叉，形式贴近"坎佐那（有五到十个诗节的法国抒情诗体，押韵歌谣，也指 18 世纪以来，用乐器伴奏的一种民间歌谣)"，但罗兰却将同一节拍贯穿于全书，并在语言上成功地穿插了一些拉伯雷式的古法语。

罗兰信心满满地要做回法国人，因此他即刻深入探索法国的核心——高卢精神。他的整部作品采用了巴尔扎克《滑稽故事集》的风格，但小说巧妙的构思和华丽的辞藻透着音乐的韵味。其中的两部分《老人之死》与《被烧毁的房子》完整生动。它们发自内心、意蕴深刻的节奏代替了那些欢乐场面，但并没有破坏内在的联系。在这部作品中罗兰完完全全成了一位纯粹的诗人，一位地道的法国人，他如此洒脱地运用的文字清楚地揭示了他活力充沛的力量源泉：化为永恒的音乐的法国精神。

毁于战火的作品

如果说《约翰·克利斯朵夫》是向一代人有意识的告别，那么《哥拉·布勒尼翁》则是另一种无意识的告别，告别无忧无虑、轻松愉快的古老法国。这位勃艮第人想向后代子孙表明，用诙谐的讽刺可以滋养生活，并要懂得用愉快的心情去享受生活。他在这里向人们展示出了故乡的一切财富，其中最珍贵的便是欢乐。

罗兰期望以一个无忧无虑的世界来拯救那个充满无穷痛苦与致命敌意的世界。这一来自法国的对欢乐的召唤，在穿越了几个世纪之后，同德国的约翰·克利斯朵夫遥相呼应，并在贝多芬庄严的旋律中融为一体。1913年秋天，成堆的手稿已整理完毕，小说即将交付印刷，计划于下一年初夏出版发行。

但是，1914年的夏天播下的却是流血的种子。大炮的轰鸣声压倒了约翰·克利斯朵夫警告的呼声，也毁掉了对欢乐的召唤与布勒尼翁师傅的笑声。

"欧洲的良心"

遗产守卫者

1914 年 8 月 2 日，第一次世界大战全面爆发，欧洲土崩瓦解。约翰·克利斯朵夫与奥利维这对志同道合的兄弟以自己的生命建起的信仰也随之倒塌。伟大的遗产成了无人问津的孤儿。充满仇恨的战神的奴仆们，愤怒地挥舞着铁锹，誓把"人类本是兄弟"这一曾经的神圣思想当做死尸，与数百万遭屠杀的人一同掩埋。

罗曼·罗兰明白，他必须得肩负起责任重大的使命。他曾经以艺术的形式表现的问题，如今变成了可怕的现实。他曾委任约翰·克利斯朵夫守护的对欧洲的信仰，已经遭受遗弃，无人过问。但现在又急需高举信仰的旗帜，以抵御袭来的风暴。罗兰清楚地知道，仅停留在口头上的真理，是不完整的，只能算是一半的真理，而只有付诸行动，才会产生真正的真理，思想才会获得生命。

早在《约翰·克利斯朵夫》中，罗兰就已预见到了这不幸时刻的到来。然而要将思想化为行动，他还必须得添加一样东西，那就是他自己。

他必须践行约翰·克利斯朵夫为奥利维的儿子做过的事：守护神圣的火焰不让它熄灭。他要用实际行动复活他的主人公曾经预言过的一切。而他做这一切所采用的方式，是人们永生难忘的英雄主义精神的范例，这比他的作品影响更加深远。

在他身上，我们可以看到约翰·克利斯朵夫与奥利维追求正义的思想变成了具体的信念。他以自己的名声、荣誉与艺术权威的力量来对抗包括自己祖国在内的所有国家的不义行为，并将自己的目光投向那超越时间的信仰的天空。

罗兰清楚地知道，在一个如此疯狂的时代，要坚持这种看上去最自然不过的信念恰恰是最艰难的事。1914 年 9 月，他在给一位法国朋友的信中写道："我们对义务的选择没有任何商量的余地，它自己会强加到我们身上，我的义务就是，在志同道合朋友们的帮助下，拯救残余的欧洲精神，使它们免遭灭顶之灾。"他明白，"人类希望那些热爱他们的人起来反抗它，必要时甚至能够同它作战"。

五年来，我们看到他为反对民族间的战争而作的英雄主义举措，这是一个清醒者反对千百万疯狂者、一个自由者反对社会舆论奴役、一个博爱者反对仇恨、一个欧洲人反对祖国战争、一个有良知者反对人性泯灭的世界的神话。在这血腥的漫漫长夜中。

当我们对人类残酷的本性感到无比绝望时，却看到那些摧毁城市并消灭国家的强大力量，对一位意志坚定和勇敢无畏的自由人无计可施，这对我们是唯一的安慰与鼓舞。因为，那些自以为征服了千百万人的胜利者，却无法征服自由的良心。

敌人们为胜利高声欢呼，自以为已经埋葬了惨遭蹂躏的欧洲思想，却万万没想到，自己的胜利最终只是徒劳一场。真正的信仰总是能够创造奇迹。约翰·克利斯朵夫走出坟墓，在其创作者身上重获新生。

有准备者

罗兰除了在道德方面所做的贡献之外，在战争与战争所涉及的问题方面，他比同时代的作家有更多的思想准备。我们在回顾他的作品时就会惊奇地发现，他在多年艰辛创作的初期，就一直向那金字塔的顶端奋力迈进，那是一个因过于突出而容易遭雷电袭击的尖顶，这里的雷电便是战争。

20年来，这位艺术家的创作主题始终围绕着精神与暴力、自由与祖国、胜利与失败这一对对矛盾问题。为了突出这些基本主题，他尝试过戏剧、对话与纲领等一系列形式，并塑造出了数十种人物形象。现实生活中的一切问题几乎都在克利斯朵夫与奥利维、艾尔特与吉伦特派党人的争论中探讨与分析过。从思想上来看，他的作品是一切战争动机的真正演习场。

因此，当别人开始考察各种事变时，罗兰早已在思想上做好了准备。作为历史学家，他意识到典型的伴随现象永远会重复出现。作为心理学家，他认识到群众的反应对个人会有多大的影响。这位具有高尚道德的人，这位世界公民，早已树立起了自己的信条。

因此，罗兰的精神机体根本不受群体疯狂症与谎言流行病的影响。

但是，一位艺术家提出这样或那样的问题并非偶然为之，剧作家不可能"侥幸选对素材",音乐家不可能"发现"完美的曲调,因为这种旋律早已潜藏在其心中。是问题造就了艺术家,而不是艺术家创造了问题,正如预兆造就了预言家,而不是预言家创造了预兆。艺术家的天职总是如何去选择。罗兰在危机之前早已预见到了这个悲剧时代所潜藏的最本质的问题,他自然要在关键时刻成为中坚力量。

极具象征意义的是,像柏格森、奥肯、奥斯特瓦尔德这样一些智慧的导师、体系的阐释人、各流派的哲学家们,此时却无甚作为,因为他们几十年来一直将自己全部的热情与心血倾注在抽象真理,即"死真理"上。

而罗兰,虽然在地位与成就方面远不及他们,但却以自己"心灵的智慧"认识到了"活的真理"。与罗兰相比较,他们是为科学而活,所以在现实面前往往显得幼稚,而罗兰则关注着活着的人类,因此早已做好了准备。

只有当人们意识到,几十年来他们不顾种种警告而疯狂投入的战争是一道无底的深渊时,他们才会停止狂乱的脚步,摆脱杂乱无章的大合唱与震耳欲聋的铜鼓声,撕掉血腥的兽皮,守护自己的灵魂。而只有这样的人才能在世界史上最罕见的狂风暴雨中巍然屹立。

其实,罗兰早在战争之前,在创作初期,就已经与同时代的作家和艺术家相对立,这也是他最初 20 年的创作生涯之所以孤独无助的原因,而后来的战争只是先前状态的延续罢了。不过这种对立当初并不明显,直到战争爆发之后才变成了一道深深的鸿沟。而之所以出现这种情况,就是由于罗兰与同时代人深刻的差别,不是观念上的,而是性格上的差别。

在这场欧洲大战爆发之前,几乎所有的艺术家与罗兰一样,认为欧洲兄弟间的相互残杀是文明的耻辱，是一种罪行。除少数人之外，大家都是和平主义者，或者自认为是和平主义者。但作为和平主义者，不仅要爱好和平，而且要创造和平，就像《福音书》中所说的那样。

和平主义要求要有行动，要有和平的行动意志，而只怀有和平的心愿显然是不够的。那些所谓的和平主义者只知道温情的和平主义，只知道在和平中热爱和平，他们是和平的拥护者，正如他们同样是社会平等、博爱和废除死刑的拥护者一样。他们并不是狂热地信奉和平，信仰对他们而言只是一件随意披着的外衣，以便在关键时刻，能将其快速改裁成民族主义的制服。

在其内心深处，他们同罗兰一样深知正义的含义，但却没有勇气去坚持它。歌德对艾克曼所说的话正好证实了这一点，"某些作家与艺术家缺乏刚强的气节，这正是我国现代文学中一切罪恶的根源"。

总之，不止罗兰，还有许多学者和政治家对当前的形势有着清醒的认识。但只有罗兰，将其每一种认识都转化成了热情，每一种信念都转化成了信仰，每一种思想都转化成了行动。他与其他作家的不同之处便在于，当时代已经抛弃他的思想之时，他仍坚守着自己的思想，当那些曾经的欧洲公民如今已加入爱国主义知识分子疯狂的大军之时，他仍誓死坚守着欧洲精神。

从青年时代起，他总在为一个无形世界的存在竭力与现实世界对抗。而今，他以一种更高的英雄主义来对抗骑兵与战壕中所表现出来的英雄主义。这是精神上的英雄主义与鲜血汇成的英雄主义之间的对立。从而，我们惊讶地看到，一个自由的、清醒的人道主义战士傲然屹立于一群疯狂、盲目的群众之中。

避 难 所

听到战争爆发的消息时，罗兰正在瑞士日内瓦湖畔的沃韦小城。因为每年夏季，他几乎都在这个国家度过。他最重要、最优秀的作品都在这里完成。在这里，各民族欢聚一堂，友好相处；在这里，罗兰高声歌唱欧洲各民族间的大团结；而也是在这里，他获悉了世界灾难的来临。

他突然感到，生活已经丧失了任何意义。他所发出的警告，他20年来艰辛忘我的工作，到头来却是徒劳一场。从孩提时代起，他就因担心这样的灾祸发生而忧心忡忡。

他曾借其心目中的英雄奥利维之口，于1898年，喊出了自己内心深处的痛苦："我害怕战争，很早的时候我就害怕战争，它如恶魔般始终纠缠着我，它毁掉了我的整个童年时代。"而现在这一噩梦般的预言却成了活生生的现实。他虽然对此早有预见，但这并不能减轻他的痛苦。相反，当别人忙于用道德、义务的"鸦片"和胜利的"大麻"麻醉自己的时候，他却异常清醒地思考着未来。他感到自己的一切都失去了意义。

1914年8月3日，他在日记中写道："我已身心俱疲，真想一死了之。生活在狂乱的人世间，眼睁睁地看着文明被毁，这种痛苦实在难以言表。欧洲这场百年不遇的最大灾难，使人类相互友爱的宝贵希望彻底毁灭。"

几天之后，罗兰陷入了更深的绝望："郁积在我心头的痛苦压得我难以呼吸，法国的毁灭、朋友的不幸、受伤与死亡，所有这些苦难使我感到害怕，千百万不幸的人让我无限同情。人类已疯狂到丧失理智的地步，他们将自己最珍贵的财富、自己的精力、才能，以及自我牺牲的英雄主义投入到这个嗜杀成性、荒唐透顶的战争中。面对这一切，我的精神进行着殊死的挣扎。哦，要是能够凭借上帝的指示、上帝的精神和道德的指引，在没有战争的环境中建造起一座上帝之城，那该多好啊！如今，我无聊的生命已到了尽头，我真想就此睡去，永不苏醒。"

罗兰时而会在痛苦当中想到返回法国，但他明白，即便回去又能如何，丝毫改变不了什么。当他年轻时，由于瘦弱尚且没有资格参军，更不要说自己现在已是一个年逾半百的老人。由于他始终谨记托尔斯泰的教诲，坚守着自己明确的信念，因此哪怕做出支持战争的样子，也是违背他良心的。他明白，他应该保卫自己的祖国，但他对法国尊严的理解丝毫不同于那些战场上的炮手与高呼仇恨的知识分子们。

后来，他在一本战争札记的序言中写道："一个伟大的民族，既要保卫自己的边疆，也要保卫自己的理智，不让它受到任何战争所带来的错觉、愚蠢与非正义等的影响。人们应各司其职，士兵应保卫国土，思想家应保卫思想……思想绝不是民族遗产中最不足以道的部分。"

在灾难来临之后最痛苦与绝望的日子里，他还不确定是否应该发表自己的意见，以及发表怎样的意见，但他运用语言的目的是明确的，那就是获得思想的自由，以及超越民族的正义。

但是，正义也需要有自由的视野。只有在这里，这位当代的历史学家才能听到各种声音与各种观点；只有在这里，目光才能穿透一切战争的硝烟、谎言的谜团、仇恨的毒雾，看清事实的真相。在这里，人们可以自由地探讨问题与发表意见。

一年前，在《约翰·克利斯朵夫》中，罗兰就陈述过群众情绪的可怕力量。在群众情绪的影响下，任何国家"最坚定的学者都会意识到，自己最坚信的思想正在逐渐消失"，因为只有他最了解"流行的精神疾病与极度疯狂的集体思想"。

正因如此，他希望自己是一个自由人，不屈从于任何人，而只遵从于自己的良心。

只需翻开自己的作品，他便能读到奥利维的警告："我热爱自己的祖国法兰西，但我能为了它而去扼杀自己的灵魂，出卖自己的良心吗？可这样一来，就又意味着出卖自己的祖国。这里没有仇恨，但是既然没有仇恨，又如何去恨呢？正如在没有谎言的情况下，如何去演出仇恨的戏剧呢？"

他说："我不喜欢去仇恨。即便是我的敌人，我也愿意对其抱以公正的态度。我希望自己能在狂热的人群中保持清醒的头脑，以便能理解一切，热爱一切。艺术家只有用自己自由独立的思想，才能为其祖国、时代与人民服务。只有忠于真理，才能忠于祖国。"

五年的混战间，罗兰一直居住在瑞士。身处欧洲的中心地带，有助于完成自己的任务，"宣扬正义与人道"。各种信息随风涌向这里，而各种呼声又从这里传至其他各国。这里言论自由，罗兰尽职尽责地完成着自己无形的义务。战争与仇恨的巨浪猛烈拍打着这个小国的堤岸，然而，就在这腥风血雨中，人类的良心就像指南针一般始终指向一切生活的永恒方向——爱。

服务人类

罗兰认为艺术家的天职便是以自己的良心服务于全人类，服务于自己的祖国，并同各种苦难做斗争。他批评道："艺术家只要还有能力帮助他人，就没有理由置身事外。"但是，不置身事外并不是说要对千百万人杀戮的仇恨推波助澜，而是要在无尽的痛苦中将他们团结起来。于是他也加入了参战者之列，但并不是手握武器，而是像伟大的瓦尔特·惠特曼一样，全心全意为受难者服务。

战争刚刚结束时，瑞士便收到了来自世界各国的悲惨呼喊。成千上万的人得不到前线传来的消息，得不到丝毫有关他们丈夫、父亲、儿子的音信，他们绝望地哀号着。难以计数的信件与电报纷纷寄往日内瓦那所红十字会的小屋，那是当时各国唯一的联络点。第一批询问失联亲人下落的书信到达后，更多的信件便蜂拥而至。人们对这突如其来的人间苦难没有一点思想准备，红十字会没有宽敞一点的地方，没有正规的组织机构，而最主要的是，没有足够的人手来应付这一切。

罗兰加入了第一批志愿者的行列。在半年的时间里，罗兰与几百名姑娘、大学生、妇女一起在那间狭小的小木屋里，在那匆忙腾出的拉特博物馆中央，每天连续工作六至八个小时。他与费利雷博士并肩作战，用他们友善的帮助减少了成千上万人的等待之苦。

罗兰牺牲了自己的时间与工作，埋头于记录、整理、回复信件这些微不足道的事情。然而，对于那些在这广阔的宇宙间只体会到自己极度痛苦的孤单的人来说，每一个字对他们都是多么重要。直至今日，仍有许多人保留着提供了他们兄弟、父亲、丈夫信息的书信，但他们却不知道，这些信件出自一位伟大的作家之手。

在一间用木板隔成的小房间里，有一张粗糙的小书桌，一把没有坐垫的木椅子，旁边是几台闲不下来的打字机，还有一大群来回奔忙、大声喊叫、打探消息的人们，这便是罗兰同灾难作战的战场。在这里，他试图扑灭其他作家与思想家点燃的仇恨之火，以宽慰的语言与人道的慰藉来减轻千百万人的哪怕一丝的痛苦。

在红十字会中，他从没想过去担任某一领导职务，而是像其他志愿者一样，做着每天该做的工作，为他人带去信息。他的劳动是平凡的，因而更加令人难忘。

在获得诺贝尔奖之后，罗兰随即将全部奖金捐出，用于减轻欧洲的痛苦，可见其言语创造了行动，而行动又反过来创造了言语。

"看看吧！看看这个人，这个诗人。"

精神法庭

罗曼·罗兰对战争早已做好了思想准备，他在《约翰·克利斯朵夫》的最后一章便已预见到了群众未来的迷狂状态。他们想当然地认为我们的人性，以及受到两千年基督教熏染的人道主义，会使未来的战争变得更人道些。但是罗兰心中从未产生过这样的幻想。

作为历史学家，他清楚地知道，对战争的狂热一旦产生，一切文明与基督教的漂亮外衣都将被剥落，人们赤裸裸的动物本性便会显露无遗，流淌着的鲜血只会使他们的兽性更趋凶残。他认为，即便是最温和、最善良、最理性的灵魂，也会迷失在这神秘的血腥之雾中。罗兰《约翰·克利斯朵夫》中已用火一般的语言预见性地阐述了民族主义的泛滥，祖国成了人们的偶像，朋友们分道扬镳，出卖友情，以及战争打响之际人们信仰的崩塌。

但是，即使是最具胆识的他也对现实估计不够。在战争初期，罗兰便惊恐地发现，这场战争所使用的武器，战斗的手段，物质与精神上的暴行，其规模与人们的狂热程度，都是前所未见，令人发指的。虽然欧洲在一千多年以来，战争不断，各民族之间或是盟友或是死敌。但他们之间从未像耶稣诞生后的第20个世纪的今天，在言语与行动上表现出如此深刻的仇恨。

在人类历史上，从来没有哪个时代的仇恨辐射得如此宽、如此广、如此深，从来没有在哪个时代的知识分子中弥漫着如此大的仇恨，也从来没有如此多的报刊报道与科学成果被投入到战火之中。战争中人类一切恶的本性赤裸裸地暴露了出来。谎言通过电波传向世界各地。科学、诗歌、艺术、哲学也史无前例地为战争服务。仇恨源源不断地从教堂的布道坛、学校的讲台、研究所、实验室、报刊的编辑室、作家的斗室涌流而出。那位预言者的末日预言应验了。

仇恨与鲜血吞没了一个又一个国家，这是原本就浸透着鲜血的古老欧洲从未遇到过的灾难。罗兰记起了一个古老的传说。他意识到，要拯救一个沉沦的世界和一代堕落的人是不可能的。只凭几声叹息与赤裸的空拳不可能扑灭这场毁灭性的大火。而能做的只有设法阻止别人再去火上浇油，或用嘲笑与蔑视去斥责那些罪恶行径。

人们可以建造一艘诺亚方舟，来将这自我毁灭一代的最宝贵的精神财富从洪水中抢救出来，以便传给未来的一代。人们也可以在血光四溅的战场上建立起一座超越时代的和平庙堂，以便给各民族心怀信念的人指引前进的方向。

在总参谋部、科技、谎言、仇恨，这些令人听而生畏的邪恶体系中，罗兰幻想建立另一个组织，一个欧洲自由精英联盟。在这个不公与谎言遍地的时代，杰出的学者们应当像诺亚方舟一样，成为正义的守卫者。这些来自德国、法国和英国的艺术家、作家与学者虽然互不相识，但在数百年间，他们却对人类做出了共同的贡献。

因此，当群众受到蒙骗，在盲目的仇恨中相互厮杀的时候，他们应当组成一个精神法庭。这个法庭应用严谨的科学态度，揭穿一切谎言，并引导民族之间进行和平会谈。这是罗兰最深的期望，因为伟大的艺术家和学者不会认同战争的罪行，不会昧着良心说："不论对错，反正这是我的国家。"

数百年来，除少数人外，伟大的思想家们早已认清了战争的邪恶。一千多年前，中国的李白在《战城南》中对边境上的战争，发出过这样的呼喊："乃知兵者为凶器，圣人不得已而用之。"

这句"圣人不得已而用之（智者不会被这疯狂的妄想蒙蔽）"道出了欧洲文明一切思想家的心声。在战争中，那些伟大的人道主义者在用拉丁文（这种文字象征着超民族的联合）写成的书信中，表达了他们对人类疯狂行径的忧虑，并希望用哲学来平息人们心中致命的狂热。18 世纪，德国的文艺理论家赫尔德尔说过："国家之间的血腥杀戮是最可怕的野蛮行径。"歌德、拜伦、伏尔泰、卢梭都极其蔑视这种毫无意义的屠杀。

因此，罗兰指出，如今那些知识界的领袖、那些清醒的学者，以及那些最人道的作家，应该联合起来共同抵制谬误。但是想要使太多的人摆脱时代的激情是不可能的，不过精神的价值不在于数量的多少，它们与军队的法则是不同的。

正如歌德所说："只有少数人拥有伟大而理性的东西，理性永远都不会普及起来。激情与情感也许会很普遍，但理性却永远只是少数杰出人物的财富。"而这少数人可以依靠自己的威信，成为一支精神力量。他们可以成为与谎言斗争的坚固堡垒。

世界各国优秀的自由人若能齐聚瑞士，共同反对一切不义的行为，包括他们自己祖国的非正义行动，那么，那个深受奴役与束缚的真理就会获得一个避难所，并重获自由。欧洲也将拥有一小块公共的国土，人们也能看到一丝希望。这里，卓越者们可以通过自由辩论来获得真理，而这种不带任何偏见的相互启示会如明灯般照亮整个世界。

满怀这样的愿望，罗兰第一次拿起笔，给自己敬重的德国作家写了一封信。同时还给德国的死敌埃米尔·维尔哈伦寄去一封信。他将自己的双手向左右两边伸出，希望成为连接敌对力量的桥梁。他希望，当法国、德国、比利时、英国、奥地利的青年在战争中丧生于机关枪下时，至少在这最纯洁的精神领域能做出阐明真相的初步尝试。

同格哈德·霍普特曼的对话

罗曼·罗兰熟悉格哈德·霍普特曼的作品，喜爱其作品中对人性热情的描述，喜爱作品中作者赋予人物形象的善良品德。但罗兰却从未见过作者本人。一次在柏林，他前去拜访，但遗憾的是，霍普特曼恰巧不在家。他们两人也从未有过通信往来。

不过，罗兰还是选定霍普特曼为谈话对象，因为他一直认为霍普特曼是德国作家的代表。这位《织工》的作者曾在一篇文章中阐明了自己的观点，强烈地谴责战斗中的德国。

1914 年 8 月 29 日，德国通讯社为了夸大现实的恐怖，发出了一份既可笑又可悲的电报，电文称："蕴藏着丰富艺术珍品的卢凡城被彻底毁灭了。"虽然这足以使人愤怒不已，但罗兰控制住了自己。

　　就在当天，他写道："格哈德·霍普特曼，我这个法国人并没有将德国看成是一个野蛮之国。我清楚地知道你们这个强大民族的精神与道德的伟大成就。我也从古老德国的思想家那里学到了许多东西，我时常会想起歌德曾说过的话，以及给我们做出的榜样，他厌恶民族仇恨，他的思想是如此高尚，他能站在其他民族的立场去感受其幸福与痛苦。"

　　罗兰带着前所未见的热情，带着超越时代的使命感，接着写道："我用毕生的精力来促进我们两个民族间的相互了解，而这场灭绝人性的战争又使我们的民族相互敌对，但却永远不会使我的灵魂遭受仇恨的玷污。"

　　接着，罗兰的语气更加激昂。他并没有因德国是战争的发动方而谴责它，"战争是各民族愚蠢与软弱的产物"，他不在乎政治，但却强烈反对毁灭艺术珍品的野蛮行径。他激动地向霍普特曼喊道："你们是谁的子孙，歌德的还是野蛮残暴的匈奴王阿提拉的？"然后他平息了一下自己的情绪，接着恳请霍普特曼不要为这些野蛮行为辩解，"您一直是欧洲最高尚的战士，我恳求您，霍普特曼，为了我们的欧洲，为了我们的文明，请您一定尽最大的努力，与德国的其他杰出人物一起反对罪恶的行径，要不然的话，你们也将担负起犯罪的恶名"。

　　罗兰期望那些德国人会和他一样，反对战争。他期望德国人能起来对战争提出抗议。而他却不清楚，当时的德国人对政治没有丝毫概念，因此，根本指望不上他们的行动。

　　格哈德·霍普特曼的回答出人意料。他没有答应罗兰的请求，反对德国的军事恐吓政策，反而竭力从道德的角度为这一政策辩护。他信奉"战争就是战争"的原则，并且使尽浑身解数为胜利者的权利辩护。"弱者只能选择被羞辱。"他认为，对"德国人毁灭卢凡城"的谴责是恶意的诽谤，并将德国人"和平通过"比利时说成是德国生死存亡的问题。他要求人们维护总参谋部的名誉，并声称"德皇本人"就是真理的最高权威。

这样一来，一场始发于精神的对话转入了政治领域。罗兰不留情面地驳斥了霍普特曼的观点，谴责他以自己的道德威望支持德国陆军元帅史里芬的侵略理论，并指责他"支持掌权者的罪行"。这次的对话没能将他们团结起来，反而使两人的分歧加深。

实际上，他们的话都是站在自己的立场说的，因为"很难有不带感情色彩的谈话"。只因时候尚早，他们的情绪还没平复，精神还没放松，还不可能互通有无。况且，世界上谎言无处不在，即使最微不足道的角落也浓雾弥漫，遮蔽着人们的双眼。仇恨与谬误的洪流还在继续上涨，身处黑暗中的兄弟们还无法认清对方。

同维尔哈伦的通信

罗兰在与德国人格哈德·霍普特曼对话的同时，也向比利时人埃米尔·维尔哈伦发出了呼吁。维尔哈伦本是一位热情洋溢的欧洲人，在和平时期，维尔哈伦唯一的理想便是欧洲的团结统一，他极度憎恶民族仇恨。

战前，在为德国作家亨利·吉尔博的诗集写的序言中，他说："虽然有人想将各民族的人卷入战争，但民族间炽热的情感仍促使他们相互友好，相互爱护。"但在德国人入侵他的家乡之后，他第一次产生了仇恨的情绪。他的作品也由从前对创造力的歌颂转为对民族间敌视的狂热推动。

罗兰在给维尔哈伦的信中强烈谴责了对摧毁卢凡城与炮轰兰

斯大教堂的野蛮行径。

维尔哈伦对此表示赞同，并回信说："我感到深切的悲痛与仇恨，此前，我对仇恨是什么一无所知，现在可是清楚地体验到了。虽然一直以来我将仇恨看作是一种卑劣的情感，但是我实在无法平息内心的这一情感，不过我还是坚信自己是一个正直的人。此刻，我如此强烈地热爱着自己的祖国，或者更确切地说，热爱它如今已化为的那一片废墟。"

罗兰立即答复说："不，请您放下仇恨吧！我们大家都不应该心怀仇恨。我们在跟敌人做斗争的同时更要与仇恨作顽强的斗争。总有一天，您会看到，这场悲剧将会变得比我们想象的更加可怕。这是一场自然的危机。让我们像远古时代那场大洪水的见证人一样，建造起一只方舟去拯救幸存的人类吧。"

但是，维尔哈伦礼貌地拒绝了他的建议，执意要与仇恨为伴，虽然他并不喜欢这种情感。在那本描述战争的著作中，他承认，仇恨似乎可以减轻良心上的重负。因此他将此书献给过去的自己，献给那些曾经和他一样幼稚的人。

罗兰又给他发出了一封信："我友善而伟大的朋友啊，心怀如此巨大的仇恨，您的内心该是多么痛苦！但是我的朋友，我肯定这种情况不会持续太久，因为像您这样的灵魂在仇恨的氛围中是生存不下去的。正义需要付出代价，但是正义并不是要求全体人民为几百个人犯下的罪行承担责任。假如整个以色列只有一个人主持正义，那么您就没有权利谴责整个以色列。因为您也知道，在德国和奥地利也有无数人在遭受着压迫与奴役，他们也在不断地起来斗争……政治犯下的罪行，却让成千上万的无辜者去做无谓的牺牲！拿破仑曾说：'政治就是现代的命运。'这句话不无道理。维尔哈伦，我们绝不能与残酷的命运结成联盟，我们得与一切散居世界各地的被压迫者结成永久的同盟。我认为这个世界上只存在两类民族：一类是受苦的民族，一类是制造苦难的民族。"

然而维尔哈伦却执着于自己的仇恨。他回复说："我心怀仇恨，那是因为我所听、所见、所感的一切都是那样可怕……我知道，我不可能做到公正，那是因为我过于悲痛与愤怒。我并没有置身于火焰之外，而是被火焰团团围住，我痛苦，我哭泣。我不可能再有其他的选择。"他仍然执意于自己的仇恨。

不过，尽管两人思想上有分歧，但是他们还是互相尊重，保持着友好的朋友关系。甚至当维尔哈伦为一本散播仇恨的书写序言时，罗兰仍就事论事，而不针对具体的人。维尔哈伦拒绝站在罗兰的一方，但却不否认与罗兰的友情，尤其在法国"热爱罗兰已被视为危险"的时候，他更强调两人的友谊。

两位伟人的激情再一次如两条平行线一般没有交点。罗兰的呼吁再次落空。仇恨支配着这个世界，甚至支配着这个世界最高尚的作家与艺术家。

欧洲的良心

这位有着坚定信仰的人，如往常一样，再一次用书信的形式像世界发出呼吁，但是依旧无果。所有的人，如作家、学者、哲学家、艺术家，都在保卫着自己的祖国，德国人维护德国，法国人维护法国，英国人维护英国，每个人都只想到自己，无人站出来为众人说话。他们唯一的格言便是"无论对错，这是我的国家"。

每一个国家、每一个民族都有自己热情洋溢的代言人，他们随时准备为本国最疯狂的行为辩护，寻找道德和形而上学的理论支持以掩盖国家的错误与罪行。只有那个所有人共有的国家，那神圣的欧洲没有自己的代言人；只有一种思想，基督教世界中最自然的、人道的思想，没有自己的捍卫者。

在这些日子里，罗兰再一次体味到了青年时代的那个神圣时刻，那时，他收到了列夫·托尔斯泰的回信，这封信影响了他的一生。托尔斯泰面对战争挺身而出，发出了"我不能再沉默"的呼喊，以捍卫人类的权利，并对强迫兄弟们相互残杀的命令提出抗议，而现在已听不到这纯洁的声音了，人类的良知已经麻木了，周围一片死寂般的沉默。

罗兰感到了这种沉默，他意识到，这种自由精神的沉默远比大炮的轰鸣更加可怕。那些曾向他寻求过帮助的人已离开了他，最伟大的、良知的真理找不到同盟者，没有人愿意支持他的斗争，因为这是一场争取欧洲精神的自由、寻找真理、反对谎言与仇恨、争取人道的斗争。他再一次陷入孤独，甚至比以往艰辛的岁月更加孤独，但他仍然坚守着自己的信仰。

不过对罗兰而言，孤独永远不会使他妥协。罗兰还很年轻的时候就认为，对非正义的行为只做一个置身事外的旁观者，这本身就是犯罪。他认为作家的使命就是将思想化为语言，将语言化为行动。只把当代历史写成旋律轻快的阿拉贝斯克舞剧是不够的。作家的职责便是为当代的理想服务，并努力实现这一理想。

杰出的思想者们想要建立起一个思想贵族阶层，以代替血缘贵族。但是，他们忘记了血统贵族为了他们的特权而付出过血的代价。数百年来，人们经常听到智慧的话语，却很少见到智者的自我牺牲。要使别人坚定信仰，就必须证明自己信仰的坚定，夸夸其谈是不行的。

信仰与义务缺一不可。而当时，几乎所有的艺术家都处于狂热的情绪之中，他们放弃自己的信仰，附和大众的观点，他们颂扬暴力、强权与胜利，将其称为时代的主宰、文明的意义与世界的生命力。但罗兰这颗意志坚定的良心却竭力同这些人对抗着。

罗兰在这一关键时刻写信给法国作家茹夫，他说："我仇恨暴力，假如暴力必然存在，那么我的责任便是绝不妥协，并要找出一种完全不同的原则，以消除现有的原则。每个人都应扮演自己的角色，每个人都应听从自己心中的上帝。"他一直清楚地意识到，自己面临的将是一场艰巨的斗争。但年轻时代的豪言壮语一直回荡在他耳边，"我们的首要任务便是要成就伟大，并捍卫世上的伟大"。

他曾经希望通过戏剧来恢复人们的信心，他曾让自己塑造的英雄形象屹立于时代之上，他曾在孤独艰辛的岁月里凭借自己的作品呼吁人们追求博爱与自由。如今，他又一次开始了孤独的行动。他没有同伴、没有权利，也没有宣传其思想的报刊，他一无所有，只有自己的热情与出奇的勇气。孤苦的处境并没有吓倒他，反而成了一种激励。

于是，他凭借一己之力去对抗千百万人疯狂的思想。这时，被仇恨与嘲笑从所有国家与人类灵魂中驱逐出去的欧洲的良心，只生活在罗兰的心中。

宣　言

罗兰的斗争形式是在报刊上发表文章，他同谎言以及夸夸其谈的废话做着艰苦卓绝的斗争。他明确的自由思想，加上崇高的声望，使其文章传遍了整个欧洲，并在那里引发了一场思想的大火。这场大火，或是引起仇恨的爆发，或是照亮自由的良心，它不时让人们体验到仇恨或欢乐这两种极端的情绪。作为一个头脑清醒的自由人，罗兰在这个黑白颠倒的乱世，写下了二十几篇文章，它们所产生的巨大影响出乎人们的意料。

当然，就其艺术性而言，这些文章无法与其字斟句酌的作品相比。这些文章内容必须谨慎和隐晦，因为它既要面向最广大的读者，又要考虑到当局书报检察机关的规定，罗兰认为最重要的是，将这些文章发表在《日内瓦报》上，让他的祖国也能看到。

这些文章充满了激情，包含着令人难忘的精彩号召，以及愤怒与申诉的呼号。它们的价值更多地体现在道德领域，从这一方面来讲，它们是唯一且最高的成就。而从艺术的角度来讲，它们不过是罗兰作品中不同以往的一种新旋律，那是演说家充满激情的、特意讲给成千上万的群众的英雄主义的演说。

罗兰通过这些文章为整个无形的欧洲代言，他第一次感到自己是这个欧洲的主要见证人与公开捍卫者。

这些文章被收录在《超越混战》与《先驱者》中，未来的一代在读到这些文章时是否能够感觉到它们当时所起的作用呢？如果没有反作用力，就无法估算作用力的大小，同理，如果不清楚遭受的牺牲，就无法估算成就的高低。想要了解这些文章的道义意义和英雄主义的性质，就必须了解战争爆发之初人们的疯狂、这个欧洲像瘟疫一样流行的思想疾病，以及知识分子的迷狂，但这一切却是我们无法理解的。

而今天在我们看来普通不过的格言（例如，不是整个民族中的所有人都应该为战争负责），当时都会被定为政治罪行而受到惩处。

要知道，我们现在看来极为正常的《超越混战》这一文章，在那个时代却被检察官称作"卑鄙无耻"的一文，作者深受歧视，文章被禁止发行，无数抨击这种自由言论的小册子则到处泛滥。

在捧读这些文章时，我们必须时刻想到当时的环境与其他人的沉默，这样我们才会理解，在那无边的、荒芜的精神领域，大声呼吁是多么重要。

如果其中宣扬的真理在当今读者眼中已是再自然不过的事的话，那么让我们来听听叔本华的一句精彩名句："世界上的真理只不过是两段漫长时期间的一次短暂的胜利庆典，在前一段时期，人们嘲笑它既荒谬又不可理喻，在后一段时期，人们又蔑视其为老生常谈、毫无新意。"

只要稍加注意，就会发现那个将许多言语看作是老生常谈的时期到来了，因为这些言语已被无数后来者不断地模仿与重复而变得没有任何价值了。

但我们清楚罗兰所处的时代，从当时其文章所激起的仇恨中就可以证明它们的历史必要性。只有从敌人的怒火中，才能真正感受到罗兰的英雄主义，那种以其自由的灵魂超越于"混战"之上的英雄主义。要知道，当时谈论"正义与人道"都被视为弥天大罪，人们已经被血腥的杀戮蒙蔽了心智而变得疯狂。

罗兰曾就此说过这样的话："假如耶稣能够复活，人类会因他说过'你们要彼此友爱'，而再次将他钉上十字架。"

超越混战

1914 年 9 月 22 日，《日内瓦报》发表了《超越混战》一文。这篇文章是在同格哈德·霍普特曼那次短暂的战斗之后，向仇恨的公开宣战。它为一座无形的欧洲教堂的建立打下了基础。此后，文章的这一标题便成了战斗口号和讽刺用语，但这篇文章发出的正义的呼声压倒了各党派刺耳的对骂声，这是对千百万人的安慰。

这篇文章中蕴含着一种不同以往的、悲剧性的激情，因为无数的人民，包括罗兰的密友，正在流血牺牲。他面对残酷的世界，心中做出了痛苦的英雄主义决定，那便是同疯狂的世界做斗争。

他在献给战争中的青年的颂歌中写道："哦，世界的青年英雄们！你们满怀喜悦地将自己的鲜血洒向干涸的大地。各民族的年轻人啊，你们为了心中同一个的理想而成为仇敌，如果你们血战沙场，而只是为了献出生命，那是多么高昂的代价啊。你们正在对这个充满了怀疑主义与享乐主义的软弱时代进行报复……不管你们是胜利还是失败，是生是死，愿你们永远幸福！"

这首颂歌是献给那些自以为在为祖国的伟大事业而献身的年轻人的，此后，罗兰以怀疑的态度质问各国的思想领袖："你们手中掌握着如此宝贵的英雄们这一财富，但为什么要随意挥霍？他们愿意献出自己的生命，但你们却利用他们的这种慷慨，你们意欲何为？你们是为了相互屠杀，为了欧洲的战争。"

他痛斥这些领袖们逃避责任，只知道胆怯地躲在"命运"这一神像后面。他们不但不阻止这场战争，反而不断地推动它向前。这是多么可怕啊！所有一切都卷入了战争的洪流，每个民族、每个国家都在毁灭一切的疯狂中庆祝自己的胜利。

"不仅民族主义的狂热情绪使人们盲目地进行仇杀……理性、宗教、文学、科学等一切思想形式都被动员起来，与本国的军队一同前进。各国的杰出人物无一例外地、充满自信地宣称，只有他们民族的事业才是上帝的事业，是自由与人类进步的事业。"

他带有讽刺意味地论述了哲学家与学者们荒唐的论战，描述了基督教与社会主义这两大社会力量在混战面前手足无措而干脆对其置之不理的现实。

"那种以为热爱自己的祖国就必须去仇恨其他国家，必须屠杀保卫那些国家的人的观点，在我眼中的确是极其野蛮、毫无人性的，我最痛恨这种不分青红皂白的盲目做法。不，我热爱祖国并不是要去仇恨和屠杀那些同样热爱自己国家的忠诚的人们。相反，热爱祖国是要我去尊重他们，并要将他们团结起来，以谋求人类共同的幸福。"

他继续说道："我们欧洲各民族间，根本不存在战争的理由。我们要远离那些醉心于宣扬仇恨的媒体，不要对法国、英国、德国的兄弟们心怀仇恨。我了解他们，也了解我们。和平与自由便是我们各民族唯一的要求。"

所以，战争的爆发对知识分子来说是一种耻辱，因为他们纯洁的思想遭到了玷污。那些自由的灵魂变成了幼稚、荒谬的种族主义政策的奴隶，这也着实让人心生憎恶。

"人类是伟大而团结的灵魂组成的一曲交响乐。如果只有通过摧毁整部乐曲的一部分才能理解和热爱它，那他肯定是野蛮人……我们这些欧洲的精英，有两个家园，一个是我们的祖国，一个是上帝的城堡。我们是前者匆匆的过客，是后者忠实的建造者……我们的任务，就是要将围墙修建得既高又大，既宽又厚，要让非正义与民族间的仇恨无法逾越过去，要让全世界自由的兄弟们紧紧团结在这里。"

这是多么崇高的理想，但是罗兰清楚，这些话实在不可能压倒千百万人的刀剑声。

"我知道，我的声音在这样的喧嚣中太过微弱……但我之所以这样说，并不是要说服众人，而是为了使自己的良心得到安慰。我能感觉到，这些话同时也能宽慰无数其他人的良心，因为他们或是没机会开口，或是不敢开这样的口。"同往常一样，他仍站在弱者一边，与少数人站在一起。但他的声音却愈加坚定与响亮，因为他感到，他正在替无数沉默的人说话。

声讨仇恨

《超越混战》一文是砍向仇恨之林的第一斧，砍伐声在林间不停回荡。这位坚定的人并没有就此罢手，他要在这遮天蔽日的黑暗林木间开出一条缝隙，以便让理性的阳光照进这令人窒息的空间中来。

他此后的几篇文章竭力在为人们带来一个阳光明媚、思想纯洁、硕果累累的世界，如《武器间的仁慈》（1914 年 10 月 30 日）、《论偶像》（1914 年 12 月）、《我们的同胞，敌人》（1915 年 5 月 15 日）、《谋杀精英》（1915 年 6 月 14 日）等。

它们在替无数沉默者说话：我们必须去救助那些受难者！虽然我们能力有限，但是我们会竭尽全力。在善与恶的永恒斗争中，结局永远都不会是均等的。经过一百年建起的东西，一天之内就能被彻底摧毁。不过狂暴的寿命是短暂的，而耐心的工作却永无止境。即使到了世界末日，这种工作也不会终止。

现在，这位作家已经明确了自己的责任，同战争抗争是毫无意义的。理性无法战胜人类最原始的残暴力量。罗兰认为，他的责任便是要与那些毒害人们的思想做斗争，因为这些有毒的思想往往会促使战争进一步升级。在他眼中，这场战争有别于过去的战争的地方就是，人们被有意识地鼓动起来。在过去，战争就像瘟疫或流行病一样自然，而如今却将之称为"伟大的时代"，并使之具有英雄主义气概，人们竭力从道义和理论上为暴力与杀戮辩护，将民族间的群众性斗争变成个人之间的仇恨，这是极其可怕的。

罗兰并非同大多数人一样，在同战争做斗争，相反，他是在同战争中的意识形态做斗争，同那些将原始兽性神圣化的行为做斗争。这种意识形态引导人们盲目而轻率地听从变相的集体主义的支配，导致人们昧着良心在为战争开脱的谎言中寻求保护，使人们由于战争的缘故而无法得到内心的自由。罗兰的责任便是要与这一切斗争到底。

罗兰所说的话并不是针对个别民众的，而是针对所有民族的。民众只不过是被蒙蔽、被欺骗的不幸者，他们因轻信谎言而心怀仇恨。

"不明白为什么仇恨，而心安理得地去恨。"

那些制造与传播谎言的知识分子应该对此负全部责任。他们应该承担最重大的罪责，因为他们受过教育，有经验，他们必定了解事情的真相，但由于他们的软弱，或出于自身的考虑而去附和舆论，结果隐瞒了真相。他们没有利用自己的威信来宣扬人道主义理想和各民族的团结，而是有意重塑斯巴达与荷马式的英雄偶像，可这与我们这个时代却无法融为一体，正如长矛与盔甲在机关枪面前毫无用处一样。

我们知道，任何时代的伟人都将仇恨视为战争可耻的同伴，思想家们憎恶仇恨，武士们也认为仇恨不符合骑士精神。而现在的主要问题是，知识分子们都在尽力鼓吹仇恨，他们甚至不惜借用逻辑、科学、文学的一切论据来为这种仇恨开脱，而且将其鼓吹成道德的责任，谁若反对集体的敌对行为，谁就会被贴上背叛祖国的标签。

罗兰坚决反对这些自由思想的敌人，"他们不仅不努力减少彼此间的误解，以消解仇恨，反而竭尽全力去传播这种仇恨，并不断添油加醋使仇恨加深。这场战争从很大程度上来讲是他们的战争。他们以充满毒素的思想诱惑人们进行屠杀，他们自命不凡，认为自己便是真理，用成千上万的尸体为代价，来成就自己的精神臆想"。

那些了解真相，或可能了解真相的人，由于他们心智的迟钝和精神萎靡，或贪慕虚荣、胆小怕事，追求功利，而向谎言屈服，听凭摆布。这样的人是罪不可赦的。

知识分子的仇恨本身就是一种谎言。如果这种仇恨的确是发自内心的，那么它就会要求夸夸其谈者抛开空话而拿起武器。爱与恨只适用于人类，而不适用于概念或思想。所以在素不相识的人们中间传播仇恨，并想使其永世长存的企图，无论对精神还是对肉体都是有罪的。那些骗子有意想要将德国这一概念变成唯一的仇恨对象，而宣扬压迫者和被压迫者同样的卑鄙。世上只存在说实话者的共性与说谎话者的共性，即有良知者的共性与说空话者的共性。

罗兰为了表现人类的共性，在《约翰·克利斯朵夫》中，区分了真正的法国与虚假的法国、旧日的德国与新兴的德国。战争期间，他尽力揭露战争双方那些蛊惑人心的投毒者，同时歌颂双方自由而孤独的英雄主义行为。在他的喜剧《里路里》中，那些身穿各式服装"头脑被束缚的人"，在黑人爱国主义的皮鞭控制下，跳着同一种印第安战争舞蹈。德国和法国大学的教授们的逻辑思维也有着惊人的相似之处，他们哼唱的仇恨之歌，也具有同样的构造与节奏。

同到处泛滥的仇恨语言相比，崇高的人道主义语言却难以听到。因为谎言通过各类报刊广为传播，而自由的声音却往往遭遇禁止。真理与真相都被国家深深隐藏了起来，但竭尽全力追寻真理的人终将在一切国家与民族中找到它们。

罗兰在这些文章中，希望通过德国与法国的各种实例、书籍和人物来证明无论何时何地，人们之间都充满着兄弟般的情感。他将德国士兵与法国士兵的信件公布了出来，人们可以看到，这些信件中同样充盈着人道主义语言。他讲到了妇女对敌人的帮助，讲到在残酷的斗争中存在同样的良心组成的机构。他发表了来自各方前线的诗歌，它们都表达着同样的情感。

他曾希望在《名人传》中向全世界的受难者表明，他们"并不是孤独的，一切时代的伟人都与他们在一起"。如今就有这样的一些人，他们总感觉到自己在如此疯狂的世界中就像局外人一样，因为他们丝毫体味不到报纸上与教授们鼓吹的仇恨感。罗兰想让他们知道世界上还有许多像他们一样的素不相识的沉默的兄弟们。他想要再一次建立起一个无形的自由人的联盟。

他写道："当我们在春寒料峭的三月，看到刚刚开放的花朵时，由衷的幸福感会油然而生。如今，当我们看到虽然娇嫩但生机勃勃的人类善良之花冲破仇恨的冰层而傲然独立时，也会体味到这种幸福。这证明，温热的生命不会消失，什么也不能将其摧毁。"

正因为有这样的希望，他甚至对自己从小就恐惧与憎恨的战争有了全新的认识，"战争带来了悲剧性的好处，那就是将全世界反对民族仇恨的精英们团结了起来。战争锤炼了他们的意志与力量。那些认为兄弟情谊已不复存在的思想就大错特错了。未来欧洲的联合不带一点悬念，一定会实现，今天的战争不过是对它血的洗礼"。

于是，这位善良的人，竭力用这种希望来安慰那些深陷绝望中的人。只有了解无数被囚禁在祖国的监狱、被封锁在书报检查所的人们的深切渴望，才能深刻地体会到这些信仰的宣言、这些不带任何仇恨情绪的话语、这些满含兄弟情谊的信息，而这一切对当时的民众具有多么重要的意义。

敌 对 者

在一个党派林立的时代，如果坚持中庸之道，不加入任何一个党派，那是为他人所不容的，罗兰也确信这一点。

"参战的各方现在只在一个观点上是一致的，那就是仇恨一切反对仇恨的人。如果有谁不愿意亦步亦趋，谁就是可疑者。而在当时司法部门已经不愿意花时间详细研究案情的情况下，受到怀疑的人必将被定性为叛徒。所以在战争中始终维护和平的人，就得付出其信仰、名誉、安宁、声望，甚至友谊的代价。但是，不需要担任何风险的信念又有何价值可言呢？"

"倘若真如俗语所说，和平时期必须做好战争的准备，那么在战争时期也就必须得做好和平的准备。我认为这个任务正好落在那些身处战争之外，由于自己的思想而与全世界有着更紧密联系的人肩上。在他们看来，所有人都是兄弟，都有着同一个父亲。而如果由于维护这一信念而遭遇责骂，那么这种责骂带给我们的应该是一种荣耀，它将在未来得以证实。"

显然，罗兰早就预见到了对他的反击。但其凶猛的攻势大大出乎人们的预料。第一个反击浪潮来自德国。

罗兰写给格哈德·霍普特曼的信中曾说："你们是谁的子孙，歌德的还是野蛮残暴的匈奴王阿提拉的?"这句话以及其他几处言辞激起了极大的愤怒。教授和空话连篇的文人认为必须"处罚"这个狂妄自大的法国人。一位短视的泛德意志论者揭发了一个天大的秘密，即《约翰·克利斯朵夫》利用中立之名行法国对德国精神攻击之实。

罗兰的《超越混战》当时在法国是禁止转载的，但关于这篇文章的消息刚一传到法国，便引起了轩然大波。巴黎大学的教授与有声望的历史学家们认为罗兰是爱国主义的破坏者，他们有责任将这个罪人公之于众。

人们对他的攻击从刚开始的只言片语逐渐变成了后来有声有色的一场系统性的运动。讨伐他的文章从开始报纸上的短文变成了一本本小册子，再后来发展成了后方英雄所创的一本巨著。这一巨著汇集了上千种证据、照片、引言，丝毫不掩饰为一场诉讼收集材料的企图。

这里甚至有毫无根据的诽谤，他们造谣说罗兰在战争期间加入了德国的"新祖国协会"，是德国报纸的合作者，他在美国的出版商是德国间谍。除少数激进的报刊外，其他所有报纸都联合起来对抗他，没有一家巴黎报纸敢站出来纠正这种做法。

一位教授扬扬自得地说："法国再也不会读到这位作家的作品了。"以前的朋友都纷纷远离了这个异类分子，生怕惹祸上身。罗兰早年的一个朋友也因胆小怕事而将自己已印好的一本论罗兰的著作悄悄销毁了。同时，国家对罗兰的监视也日益密切，特务们一波连着一波地去收集他的"罪行材料"，但总是一无所获。

由于罗兰负有的声望、心胸的坦荡，与任何团体毫无任何瓜葛的个人的孤独战斗，这才粉碎了告密者和散布谣言者想要将罗兰送上被告席的阴谋。

凭借当时那些小册子、书籍和传单，可以想象罗兰对祖国犯下了怎样的罪行。但对当今的读者来说，要理解这一点实在有些困难。因为只有在政治危机时期那种病态的环境中才会产生这样的疯狂。所以即使想象力最丰富的人也难以说清楚所谓"罗兰事件"的实质，而最不可思议的是，整个法国思想界竟然如此反对这位平静而负责地发展着自己思想的人。

在当时的爱国主义人士看来，罗兰的第一项罪名便是公开争论战争的道德问题。

"对于祖国是不能争论的。"

如果不愿或不能跟着别人去仇恨，那就最好选择沉默，这是战争伦理学的第一公理。激发将士们的热情与仇恨，而不是让他们去思考，这才是应尽的责任。在战争中，蛊惑人们的谎言往往比最智慧的真理管用。因为一经思考便会产生怀疑，这是在对绝对正确的祖国教义犯罪。

罗兰不顺应国家政策，反而思考时事，这种做法就是不爱国的法兰西人的表现，这就使人有权指责他这个中立分子，而中立者在当时无异于叛徒。

罗兰的第二项罪名是，他想公正地对待全人类，其中包括敌人，他在敌人中间还分出了有罪者与无罪者，对德国受难者给予了与法国受难者一样的同情，并和他们以兄弟相称。但是，爱国主义的教义要求人们在战争期间抛弃一切人道主义情感和正义感，一本攻击罗兰的小册子上写道："在战争年代，人们所付出的爱都是从祖国那里偷来的。"

罗兰的第三项，也是他最大的一项罪名，是他不愿将军事方面的胜利看作是宣扬道德、振奋精神与伸张正义的有效途径。他向往的是相互和解的，没有无谓牺牲的和平。他认为欧洲各民族的兄弟情谊比通过牺牲取得的胜利更加重要，因为这种胜利将会重新播下仇恨的种子，再一次挑起民族间的战争。在法国，那些誓将战争进行到底的党派创造了一个新词"失败主义者"，这同德语中的"使人扫兴的人"和"蒙受耻辱的和平"类似。

由于罗兰始终争取用崇高的道德力量来对抗原始暴力，于是被诬蔑为"失败主义的倡导者"。军国主义将他看作是"垂死的勒南主义"，硬说这个法国人希望自己的祖国失败。

其实罗兰的话说得很明白："我期望人们热爱法国，期望法国获取胜利，但并不是依靠暴力，也不是依靠强硬的法律，而是依靠广博的胸怀。我希望法国能强大到足以不带任何仇恨地去斗争。即使是与之作战的人们，也要将他们看作是自己迷途的兄弟，只要他们无法再伤人，就要把他们当兄弟般看待。"

罗兰对这些恶毒的诽谤没有做出过任何的回应。他平心静气地接受着这一切。因为他清楚，他所倡导的思想是不可能被摧毁的。他所对抗的永远都不会是人，而是思想观念。他塑造的众多人物形象早就回答了那些敌对思想。他笔下的法国人奥利维，是个厌恶仇恨的自由人；那个吉伦特派党人认为自己的良知超越于爱国主义的论据之上；亚当·卢克斯满含同情地问他狂热的敌人："难道你不厌倦仇恨吗？"早在 20 年前，罗兰就通过这些伟大的形象预料到了时代的战争，他永远都是凭借一己之力来对抗整个民族，但这并没有让他灰心丧气。

法国作家尚福曾说："在有的时代中，公众的观点往往是所有观点中最差的。"罗兰恰恰在敌人狂怒的咆哮与歇斯底里的责骂声中，看到他们底气的不足与内心的不安，这反而增强了罗兰的信念。

他面带微笑，注视着疯狂的他们，借自己笔下的人物格莱昂波之口问道："你们声称你们的道路是最完美的，那我们就各走各的路吧。真不明白，我又没迫使你们跟我走，只是表明我的道路将通向何处。到底为什么你们要如此动怒？难道你们害怕到头来我是正确的？"

友 人

在最初的一些言论发表之后，这位勇敢的作家就又成为孤家寡人了。维尔哈伦说得好："热爱他是危险的。"因此大多数人避之唯恐不及。一些从年轻时代就喜欢其作品并了解其为人的老朋友都远离了他，一些胆小怕事之人更是远远地避开他，报纸、出版商拒绝与他来往，即使与他相识最久的老朋友，几乎也不敢公开站在他的这一边。罗兰一时被孤立了起来。

但是，在《约翰·克利斯朵夫》中他曾说："伟大的灵魂永远也不会孤独，尽管所有的朋友背叛了他，最终他一定会为自己找到新朋友，并将散发出已充满其全身的爱的光芒。"

患难见真情，老的一批朋友抛弃了他，但会迎来新的朋友。只是他们的声音被淹没在敌人的咆哮声中了。因为一切社会力量都在战争发起人的掌握之中，他们通过各种渠道散播着仇恨，而朋友们只能格外小心地绕过国家机关的检查，在一些小报上发出些许声音。敌人以不可阻挡之势蜂拥而来，而朋友们则是缓慢形成的，他们悄无声息地隐藏在他思想的周围，长久地忠于其思想，并日益清晰地理解了他的思想。敌人们是伙同在一起，只知道服从命令而盲目斗争的一个同盟；而朋友则是默默无闻，凭借爱联系起来的一个共同体。

身处巴黎的友人们境遇最艰难。他们只能借助暗号取得联系。在被占领的堡垒中，那些友人们向这位解放者致意，因为这位勇敢者自由地道出了他们被禁锢的心声，他们明白，只有保护好这位勇敢者，才能捍卫自己的思想。阿梅当·迪努瓦、费尔南德·德鲁雷斯、乔治·皮奥什、勒奈图尔、鲁阿内、雅克·梅尼尔、加斯东·蒂埃松、玛赛尔·马谛内、塞夫兰内，这些人勇敢地站在这位遭受诽谤的人一边。

而玛赛勒·皮卡女士则勇敢地高举正义的旗帜，将自己的书命名为《混战中一位妇女的声音》。由于一片汹涌的血海横亘在他们中间，他们只能从远方眺望着罗兰，就像眺望着一座屹立于岩石之上的灯塔，他们同时告诉自己的兄弟们这座充满希望之光的灯塔所蕴含的意义。

在日内瓦，罗兰的周围聚集起了一个年轻作家的群体，这些年轻人曾经是他的学生，现在是他的朋友，他们从他身上汲取着力量。

皮埃尔·让·茹夫是他们中间最出众的一个，他著有《你们是人》和《死亡舞蹈》两本激荡人心的诗集。这是一位复活了的奥利维，在其诗歌中，他表达了自己悲愤的情感、对世界的不公感到的极度痛苦与对仇恨的憎恶。

还有勒内·阿克罗索，他同茹夫一样也看到了战争的可怕，他一样也憎恨战争，他纯洁、善良，但更理性，能更清楚地看到时代的悲剧，他描绘出了一幅全欧洲的画像。夏尔·博杜安赞美的是永恒的善。

比利时雕刻家弗朗斯·马瑟雷尔在自己的木刻中表现的是全人类的悲哀，这位时代画家的代表用他的木刻形象对战争发出了比一切著作和绘画更合乎人道的抗议。

法国新闻记者吉尔波是追求社会变革的狂热分子，反对一切权势，创办了《明日》月刊，这一月刊是当时唯一代表真正欧洲精神的杂志。

让·德布里特在其《叶子》中同瑞士罗曼语媒体的党派性歧视以及战争对抗。

克洛德·德·马盖创办了《板》，其中发表的大胆的文章与马瑟雷尔的绘画，使其成了瑞士最生机勃勃的报纸。

世界上出现的这座独立的小岛，偶尔会收到海风捎来的远方的问候。只有在这里，人们才能在疯狂的血腥活动中嗅到一丝欧洲精神清新的空气。

出人意料的是，由于罗兰的缘故，这个精神联盟并不排斥敌国的兄弟们。当时，每个受瘟疫一样的仇恨感染的人，或害怕被怀疑的人，都尽力躲避着先前敌国的友人。人们不敢相互通信以打探亲人生死存亡的信息。而罗兰却从来没有抛弃过他的德国朋友。相反，他冒着极大的危险，公开向那些忠诚的朋友表示了友好，并给他们写信。

他曾说："是的，我有世界各地的朋友，有法国的、英国的、意大利的朋友，当然也有德国的朋友。我为此感到骄傲和自豪，因为他们都是我的财富，我会将之永存心底。在这个世界上，如果能遇到与自己志同道合而又忠诚的人，那是我们的幸运，这友谊的神圣纽带在我们经受严峻考验的时刻就更不应该使其断裂……这些信件总有一天会证明，尽管此刻维护这种友谊是多么艰难，但正是由于这样的友谊，我们才能在对抗仇恨的过程中保全自我。仇恨的危害远胜于战争，因为它是战争的催化剂，在仇恨之下受伤的不仅是被仇恨者，还包括仇恨者。"

罗兰以其勇敢和自由的行动，给予自己的朋友与无数素不相识的志同道合者以典范的力量。他为那些身处世界的各个角落，有着相同的观点，而又默默无闻的人做出了榜样。他激励着信心不足的年轻人迈步向前。他周围的每一个人正在变得更加坚强、自由、正直、不带偏见。

当时，在瑞士，20多个分别来自法国、德国、俄国、奥地利、意大利的人，拥有着相同的观点，为各国兄弟间的情感而振奋，他们时常会无视社会舆论的压力而聚在一起交流思想，感受着这种纯洁的友谊给予他们的无限力量。他们这一小群人当时代表着欧洲精神。他们感到自己是多么强大、多么欢乐，而这一切却要归功于罗兰。

因为正是由于他这个友谊的化身，他的善良与智慧，才将大家联系在了一起。正是由于他，大家才找到了自由与自信。每个人都按照自己的方式爱戴他，但大家都一样地尊敬他。法国人称他最纯洁地表达了他们祖国的精神，而人们崇敬他完美地将世界上的杰出人物团结在一起。这位自由而勇敢的人树立的榜样激发了人们人性中最善的一面。人们能从内心深处体味到他身上的欧洲精神。

书 信

通过大量的信件，罗兰给他的朋友们以巨大的帮助，进而促进了欧洲团结思想的传播。他帮助别人的热情远远超出了个人通信的界限。如果有人遇到了问题、恐惧、痛苦与不安，总会得到他的答复。罗兰通过千百份书信，向世界传播着民族间兄弟情谊的信息。

25年前，列夫·托尔斯泰的那封来信拯救了他的灵魂，现在他已完全实现了当初自己的承诺。如今，有着坚定信仰的约翰·克利斯朵夫与伟大的慰藉者托尔斯泰，都在罗兰的身上重获新生。

战争的五年间，罗兰所承受的压力是世人无法看到的。如果有人同整个时代和谎言对抗，有人需要帮助、需要有关良心问题的忠告，那么他们可以向谁伸手求助呢？在欧洲还有谁会与现实背道而驰呢？约翰·克利斯朵夫那些素未谋面的朋友们，奥利维那些不知名的兄弟们，他们散居于世界的各个角落，周围无人可以信任，无法倾诉内心的怀疑，除了罗兰这位第一个带给他们善的信息的人，他们还能相信谁呢？

于是，他们给他写信，向他述说自己的请求、建议和良心的不安。除此之外，战壕中的士兵，不知名的母亲都给他写信。不过其中许多信件不敢署名，那些写信者只是想让人们知道，自己也是各交战国之间"自由灵魂共和国"公民中的一员。

于是，罗兰无怨无悔地肩负起了收集、回复这些痛苦的灵魂的重担，他像神父一样听取所有人的忏悔，成为他们的慰藉者。无论在何时何地，只要有代表欧洲精神的种子开始萌芽，他都会竭尽全力去支持。他是一切痛苦汇集的交叉点，他与欧洲精神的伟大代表，以及自由思想最后一批忠实的信徒保持着密切的联系。他试图通过各种报刊寻找和解的信息，他从不会放弃任何一种尝试。当时，无论哪个人或哪部作品，只要提到了欧洲和解的理想，罗兰都会全力以赴地去帮助他。

写于战争期间的这上千封书信称得上是一部道德巨著，我们这个时代还没有一位作家的成就可以与之相比。这些信件为无数孤独者带去了幸福，为怀疑者带去了信心，为绝望者带去了坚强与希望，还从未有哪位作家如此出色地完成过自己的使命。这些书信（其中一部分已出版），即使从其艺术性来看，也是罗兰最完美、最成熟的作品，因为给予他人安慰是他艺术中最有意义的部分。

当通过这些信件进行交谈时，罗兰完全沉浸在与人谈心的情感之中，这时他的话语充满了某种节奏的力量与博爱的激情，因此，他的某些信件简直可以与各个时代中最优美的诗篇一比高低。在与人面对面进行交谈时，他往往会受到自己柔弱内向的性格的影响，而通过书信的形式，他可以完全地敞开自己的心扉，自由、坦诚地与人交谈。他凭借信件向远方朋友传去的恰恰是他生命中最本质的东西，因此，他能够像他笔下的哥拉·布勒尼翁一样自豪地说："这就是我最优秀的作品，这就是我创造的灵魂。"

忠 告 者

罗兰在这些年里经常会遇到一些拜访者，其中大多是青年人，他们希望罗兰能就良知问题给以忠告。他们向他述说心中的疑问：作为战争的反对者，他们是应该依据托尔斯泰的精神拒绝服兵役，还是应该听从圣经的教义对恶表示容忍；他们应该公开反对祖国的不义，还是应该保持沉默。还有一些人，由于遭受着良心的折磨，而希望他给自己一个答案。因为，罗兰在战争期间能坚定自己的原则与标准，并乐于和别人分享其信奉的道德标准。

罗兰对这所有的问题只给出了一个答案：根据自己的良心办事。找寻自己的真理，然后去实现这个真理。世上不存在现成的真理与准则，每个人只能依据其实际情况创造出适用于自己的真理。

道德行为准则也只有一条，那就是认识自己，忠于自己的信念，哪怕这个信念与整个世界的信仰背道而驰。一个人如果因忠于自己的良心，而不是为了贪慕虚荣或让人模仿，而抛弃武器，宁愿坐牢，那么他就是正确的。一个人如果只是装装样子，欺骗国家，宣传理想，放弃自由，但只要他是凭自己的良知办事，那也是有道理的。

罗兰认为坚守自己信仰的人都是正确的，无论他们是愿为祖国不惜献出生命的爱国主义者，还是竭力摆脱国家束缚的无政府主义者。他唯一的原则便是相信自己的信仰。在他眼里，那些人云亦云，不能坚持自己的本性，随波逐流的人才是不正确、不真诚的。

罗兰认为，世上只有一个真理，那就是每个人自己心中的真理，而只有这种真理才有益于全人类。

"如果想帮助他人，那自己首先必须是一个自由人。如果只能给予非自由人的、受人控制的爱，那这种爱毫无价值。"那些为祖国做出牺牲的人，如果他们不相信自己的祖国，那么这种牺牲就没有价值。如果逃避义务的人没有勇气承认自己没有祖国，那么他对祖国的义务的逃避就是贪生怕死。

真正的理想只存在于每个人的内心深处，如果借用他人的理论，对别人的劝说言听计从，或受大众疯狂行为的影响（这种形象很普遍），那么就不可能很好地服务于全人类，而所涉及的道德行为也毫无意义。"人类首要的责任就是要坚持自我，忠于自我，甚至不惜为此做出牺牲。"

当然，罗兰清楚，要做到这一点实在太难了，他借用了一句美国作家艾默生的话："对每个人来说，最珍贵的东西便是他自己的行动。"

而一切灾难的根源恰恰就源自于人民大众不自由、不真实的思想，以及他们散漫的良知。倘若每一个公民、每一个农民、每一个艺术家都能从自己的灵魂深处发问：报纸与政客们向他们鼓吹的摩洛哥的矿场和阿尔巴尼亚的泥沼是否真的对他们有益，他们是否真的仇恨自己的英国或意大利兄弟。如果他们的确这样反思过，那么一场欧洲兄弟间的战争还会发生吗？只有受别人意志的支配，随波逐流，盲目迎合自己从未体验过的情感的人，才会招致如此大的灾难。

因此，只有当最大多数的人获得自由并能独立思考的时候，未来的人类才会再次免遭这样的不幸。"如今世界最需要的是自由的灵魂与坚强的个性，因为这个世界正在重新走向以往的群居生活：教会权利的至高无上、国家荒谬的传统主义……人类现在急需这样的人，他们尽管热爱人类，但却能在必要时同所热爱的人类作战。"

总之，罗兰拒绝做他人的权威。他要求每个人只把自己的良知作为个人的权威。真理是无法给予的，只能亲身去感受。有着清晰思想与行动自由的人，就能用自己的心灵创造信仰。罗兰屹立于孤独的峰顶向世界表明：只要忠于自己心灵的人，就能唤回时代的理想。罗兰给出的真正忠告，不是语言而是行动，是其高尚的灵魂与品德的写照。

孤　独

罗兰的生命与全世界紧密相连，成千上万的人都感受到了他的影响。但在其自愿流亡的五年中，他是多么孤独啊！日内瓦湖畔维尔纳夫一家旅馆的小房间里，罗兰离群索居，与孤独为伴。这个狭小的空间不禁令人想起了曾经的巴黎，到处堆满了书籍杂志，也有一张小木桌、一架钢琴，罗兰在工作之余常会弹奏一曲以便放松休息。在那张小书桌前，罗兰度过了一个又一个白天和黑夜。他很少出去散步，也不常有人来拜访，因为朋友们都与他远隔万里，即使他年事已高的父母与亲爱的姐妹们也只能越过封锁的边境一年来一次。

孤独对于罗兰来说已习以为常了，但这里的这种孤独却令人害怕，因为这是一种身处玻璃房中的孤独。人们从四周监视着这个"叛国者"、"教唆者"，说他是革命者与其思想的同伙。每一封信在到他手里之前已被人检查过，每一个电话总有人在监听，每次来访都有人监视。罗曼·罗兰像是被无形力量束缚着的囚犯，生活在玻璃的牢狱之中。

全世界都在期盼着罗兰的声音，但在战争的最后两年，除了偶尔的几份小报之外，罗兰实在找不到一份报纸愿意发表他的文章，也没有一家出版社愿意出版他的书籍。祖国已经抛弃了他，他就像中世纪遭放逐的"流亡者"，同时，随着他越来越多地显露其思想的独立性，甚至瑞士也不再欢迎他，似乎也有将他驱逐之意。以往的朋友们离他越来越远，而新的朋友关系也由于这些朋友中大多数人已由思想的创造者变成了政客而渐渐淡漠。

外面的世界越喧嚣，罗兰周围就越寂静。他身边没有能给他提供帮助的人，他最爱的书籍又远在法国，但他知道，去法国只待上一个小时，他就不可能再有言论的自由了。祖国就像是一堵高墙，而这个避难所又像是一座玻璃屋子。这个完全被祖国抛弃的人，就这样生活在他所爱戴的贝多芬所称的"空气中"，生活在理想中，生活在无形的欧洲精神中。他与所有的人紧密相连，但却又如此孤独。

不过痛苦的体验并未让罗兰丧失信心，反而更加坚定了他的信仰，因为他从这样的经历中得到了智慧，并表现出极大的善的力量。而这种在民众中极端的孤独正是与人类真正的联系。

日 记

始终伴随他左右的只有他的良心，他们每日进行着谈话。从战争开始的第一天起，罗兰就在日记中写下了自己的感受、最深切的思想，以及来自远方的消息和对时代的抗议。最后，在战争结束之时，他已经写完了 27 本日记。那时他准备离开瑞士，但还是不敢将这些重要文件带出国境，因为他全部的内心感受将会在海关检查时被公之于众。

曾有朋友读到过他的一两篇日记，但他想要将全部日记留给后世，在那个未来的时代，人们将会以清晰的头脑与客观的眼光来看待我们这个时代的悲剧。

我们无法猜测日记中具体的内容，但是我们能感觉到这应该是一部时代的精神史、一部当代史。罗兰在记下他的体验时，往往思维最清晰、思想最自由，所以说他的全部书信在艺术性上远远超过了他发表过的文章。

这样看来，他的这部历史生命文献将会是对这场战争最真实的评论。只有未来的时代才能懂得，他是在做出了多大的牺牲后才得以向世界展示他那坚定的理想主义。那些自以为聪明的人认为理想主义陈腐过时，毫无新意。但正是这理想主义鼓舞着千百万人。理想主义凭借一颗英勇斗争的良心便会在痛苦与孤独的灵魂深处得到升华。

我们了解的只是他怀有的信仰，而这些日记中记载的却是他为这些信仰所付出的血的代价，以及为生命所付出的沉重的代价。

《先驱》和《恩培多克勒斯》

战争爆发的同时，罗兰也开始了对仇恨的反击。在一年多的时间里，他以自己的文字抗击着来自世界各国的怒吼，但徒劳无益。越来越多的无辜者在战争中丧生，他们的鲜血汇成的激流淹没了一个又一个国家。在这越来越大的喧嚣声中，罗兰暂时保持沉默。他感到，要压倒这种疯狂，本身就是一种疯狂。

《超越混战》一书出版之后，罗兰没有再参加公开活动。他已清楚地表达了自己的观点，激起了暴风骤雨，当然也遭到了暴风雨的袭击。他不准备再不知疲倦地奔忙下去，但仍坚守着自己的信仰，因为他认为，同一个不愿倾听别人声音的世界对话，是毫无意义的。他已经不再相信人类会努力追求理性与真理，因为他现在明白，人类最怕的就是真理。在一部长篇著作、几部其他作品与一些信件中，他已从内心深处认识到这一点。可在置身事外一年之后，看着越来越多的无辜者的无谓的牺牲，谎言的肆意横行，罗兰觉得自己必须得重新投入战争。

歌德对艾克曼说过："真理需要一而再再而三地重复，因为谬论也在不断地被宣扬，宣扬谬误的并不是个别人，而是人民大众。"人世间如此多的孤独者该是再一次团结起来的时候了。各国人民表现出的不满与愤怒情绪日益增多，更多的勇敢者开始反抗强加在他们身上的命运。罗兰认为自己有责任将这些分散在各个角落的人团结起来，以增强他们的战斗力。

在《山路盘旋而上》这篇文章中，他解释了自己沉默的原因，并阐明了自己新的立场。他写道："我一年来的沉默，并不是由于我对《超越混战》中提出的信仰产生了怀疑，相反，我现在更加坚定了这一信仰。我只是感觉同那些不愿倾听别人声音的人说话是毫无意义的。现在，只有事实才能打破固执、傲慢、谎言与禁锢我们精神的壁垒，让我们了解真相。各民族的兄弟们也应善于保卫自己思想的自由、自己的理性，以及对人类理性的信仰，而不能在沉默、压迫和痛苦中失去希望。在新年的曙光来临之前，我们必须让大家体会到彼此间的友谊与鼓励。我们必须向世界表明，在那充斥着血腥味的夜晚，仍有明灯在闪耀，它从未熄灭，也将永远不会熄灭。如今，欧洲已陷入了不幸的深渊，所以从事创作的人应该时刻牢记，不要在原有的不幸中再增加新的痛苦，不要在早已泛滥成灾的仇恨中再添加新的仇恨。现在，为数不多的自由思想者面前摆着两个新的任务，其中一个便是指引本民族摆脱谬误。但这不是我的任务，我的任务并不是向欧洲敌对的兄弟们指明他们的恶，而是要指出他们所具有的善，从而使他们相信，世界会拥有一个更理智，内心完全洋溢着爱的人类。"

由于大刊物早已拒绝发表罗兰的作品，所以他新发表的文章只能在一些小报上看到。这些文章以及后来收入《先驱》中的文章的基调与以往大不相同。如今的同情已代替了以往的愤怒。

在战争进行的第三年，罗兰像所有的士兵一样，狂热的激情已然退却，一种更冷静、更坚韧的责任感占据了他的心灵。他的观念或许变得更强烈、更激进了，但他的文章却充满了人性的宽容。他的文章已远远超越了战争这一主题。为了给世人以安慰，他力图在荒谬中寻求生命的意义。他赞同歌德的观点，认为人类就像一个不断转动的螺旋，每一点都在不断地上升到最高的位置后又不断地返回原点。他想要以此证明，紧随着目前这一悲惨年代而来的也许是一个更美好的新时代。

《先驱》中收录的文章，已不再去对抗如瘟疫般流行的信仰与战争，而是介绍了各国那些为另一种理想而奋斗的战士们，那些"欧洲灵魂的开路人"。因为将希望寄托在人民大众身上已经是不可能的事了。他对千百万民众只抱有同情，因为他们甘愿受别人的支配，他们心目中神圣的自我献身行为，除了具有英勇牺牲的美感之外，没有任何意义。

他将希望只寄托在少数杰出的人物身上，因为他们具有高尚的思想，他们的灵魂反映着全部的真理，虽然到目前为止他们还没有产生多大的影响，但却证明了真理的存在。他将这些人汇集到了自己的叙述之中，在他超人的描述中，人们能读到战争中人类自由的始祖托尔斯泰，以及他青年时代就崇拜的哲人乔尼尔·恩培多克勒斯。

罗兰在二十多岁时，曾将自己的第一本剧作献给这位希腊先哲。如今，已经成熟了的罗兰又从这位智者身上寻求慰藉。

罗兰称，早在三千年前，一位作家就已清楚地意识到，世界"处在由爱到恨，又由恨到爱的不断变化中"，那些战争与仇恨的时代，总会被更美好的时代所代替，它们就如自然界四季的更替一样永无止境。

他向我们指出，从这位古希腊的西西里哲人起，直到现在，智者始终掌握着人类的真理，然而对于时代的疯狂，他们还是无能为力，但真理却会沿着一条没有尽头的链条，一代代传下去，永远无法被摧毁，也永远不会消失。

即使罗兰在自己一生中最不幸的日子里，内心仍然闪着希望之光。当然，能够看到这一希望之光的人，就只有那些将目光投向遥远未来的杰出人士。

《里路里》和《比埃和吕丝》

五年来，罗兰是以一个伦理学家、人类的朋友和欧洲人的身份同各民族进行谈话的，但作为一个作家，罗兰似乎完全沉默了。或许当人们看到罗兰在战争结束以前完成的竟是一部讽刺戏剧《里路里》时，会感到惊讶不已，但他们不了解的是，这种嬉笑却来源于切肤之痛。

罗兰因无力抗击这个疯狂的世界而备感痛苦，他想借讽刺来使自己发泄一番，以减轻绝望情绪。这一作品如他以往的作品一样，目的也是要摆脱某种情绪的束缚。心中的愤怒不时转化为嬉笑，嬉笑又转化为痛苦。这种嘲讽犹如利箭，在这个黑暗的世界穿梭。

《里路里》实际来自一部未完成的悲剧作品，而世界正在经历着这样的悲剧。由于当时所处的时代本身，这个寓意深刻的讽刺剧，比作者最初的构想更辛辣、更大胆。剧本的初稿完成于1917年夏，剧情围绕着两个朋友展开，"里路里"是一位诱惑女神，她引诱这两个朋友违背自己的本意而相互残杀。

我们从这两位童话王子般的人物身上可以看到奥利维与约翰·克利斯朵夫的影子。他们之间亲切的对话表明了其深厚的兄弟情谊。他们就像德国与法国一样，由于受到幻想的诱惑而盲目行动，它们面临深渊却没有看见早已搭建起的和解之桥。

由于当时令人痛苦的时代现状，在罗兰的创作过程中，这部喜剧变得日益尖酸、刻薄、怪诞。在他眼中，外交官、知识分子、战争诗人（剧本中以会跳舞的乞食僧人的滑稽形象出现）、空话连篇的和平主义者、博爱与自由的偶像，都是一副小丑的模样。

罗兰用刺眼的招贴画色彩与狂乱的线条描绘了这个疯狂的世界。剧中爱发议论的聪明人波利奇奈尔，以怯懦的笑声来掩盖事实。当他面对现实中可怜的被俘的爱人时，却不敢勇敢地与她站在一边。这个生活在悲惨世界中的可怜人，虽明白一切真理但却胆怯懦弱。在剧情的高潮处罗兰忍不住向他发泄了心中的不满。

"你长于开玩笑、逗乐，但需要你站出来的时候却胆小得像个小学生，你小心谨慎，就如你自由嘲讽、嬉笑的祖辈们一样，那伏尔泰和文艺复兴时期的人文主义者伊拉莫斯也是在微笑中紧闭着自己的嘴巴。笑吧，你们这些会笑的人，尽管笑吧，你们尽可以嘲笑那些谎言，但你们永远不可能拥有真理……你们只有与自己的笑声做伴。当你们呼唤我时，我不会回答，因为我已被加上了镣铐……啊，那胜利的大笑何时才能将我解救。"

由于这部剧作源自深切的痛苦，所以罗兰无法呈现出伟大的、胜利者的大笑。虽然这里仍使用了《哥拉·布勒尼翁》的轻快节奏，以及善意的嘲笑，但是这充斥着混乱的悲喜剧与那部描述"可爱法国"的欢乐时代的作品却有着本质上的不同。这部作品中的快乐源自饱受痛苦和压抑的心灵，那部作品中的快乐发自充实的心胸；这里传出的是充满愤怒与痛苦的笑声，那里的笑声则充盈着善意与愉悦。

在《里路里》的新法国与《哥拉·布勒尼翁》的旧法国之间还有一个被破坏、被摧毁，充满美好幻想与憧憬的时代。不管滑稽剧如何怪诞，俏皮话如何层出不穷，但这一切都是徒劳，沉重的情感总是撞回到洒满鲜血的大地上。罗兰在这个喜剧中迫使自己采用讽刺与挖苦的笑声，他的所有作品中没有一部能像这部喜剧一样，让人强烈地感到罗兰内心的痛苦。

但是，罗兰作为一个音乐家，绝不会让自己的情感成为嘈杂、不和谐的音符，他总会将之化为柔顺的和弦。所以，一年之后，他又写了一部恬淡的浪漫爱情剧《比埃和吕丝》。罗兰在《里路里》中呈现的是扰乱世界的幻想，而在《比埃和吕丝》中描述的则是另一种战胜世界与现实的、更崇高的幻想。

两个热恋着的年轻人在时代的深渊边嬉戏，这两个幻想家沉醉在自己的幸福中，对外部大炮的轰鸣、鱼雷的滥炸、祖国的危难充耳不闻。时间与空间都在他们的迷醉之中不复存在，爱使他们只在对方的身上感受到了世界的存在，而无视另一个充斥着疯狂与仇恨的世界。死亡对他们来说也只不过是一个梦境。

艺术家罗兰在这对幸福的少男少女比埃和吕丝的世界中找寻到了避身之地，罗兰还从未在哪部作品中表现出如此的诗意。他尖酸刻薄的言语已不见了踪影，而是面带温柔的微笑注视着年轻人的世界。在罗兰对抗时代的篇章中，这是宁静的一节，充分反映出了他纯洁的内在气质，他的痛苦也在这宁静中化为一个美好的梦。

《格莱昂波》

如果说悲喜剧《里路里》是悲叹、呻吟、痛苦的讽刺，那么《比埃和吕丝》则是超越现实生活的温柔的幻想，这两部作品都只是转瞬即逝的情感，是偶然的思想的流露。而《格莱昂波》耗费了作者四年之久才得以完成，它是作者与本时代的一次严肃、冷静、持久的辩论。

罗兰的《约翰·克利斯朵夫》是一部虚构的传记，是一幅时代的广阔画卷，而《格莱昂波》则记录了他思想的变化轨迹。这里汇集了散见于宣言与书信中的一切情感，虽然这四年来，各种社会活动与客观原因经常中断作家的创作，但他仍然坚持笔耕，将这部作品从极度的痛苦中高高举起，让其和煦的光辉安慰着千百万大众。直到战争结束之后，他才于1920年夏天在巴黎完成了这部作品。

《格莱昂波》同《约翰·克利斯朵夫》一样很难被称为"小说"，但它又超越于小说。《格莱昂波》是一部发展小说，但并不是人的发展，而是思想的发展。这里向我们描述的，如《约翰·克利斯朵夫》一样，也不是现成的、确定的、完善的世界观。我们紧随着主人公，从谬误与软弱一步一步走向理智与清醒。

从某种意义上说，这是一部宗教著作、一部思想的发展史、一部普通市民的现代传奇，或者如书名所暗示的那样，是一部良知的历史。这里的最终目标同样是自由与自我反省，不过由于认识变成了行动，所以自由与自我反省便带上了英雄主义色彩。这出悲剧完全是在一个人的内心深处上演的，那里只有他与真理。

所以在这部小说中，我们看不到像《约翰·克利斯朵夫》中奥利维似的对立人物，甚至看不到主人公所抗击的外部生活这一对手。格莱昂波的对手就是他自己，就是以前那个软弱落后的自己，而新生的、英勇的、真正的格莱昂波必须战胜过去的那个自己。他的英雄主义与约翰·克利斯朵夫的英雄主义截然不同，他的英雄主义体现在无形的思想领域，而克利斯朵夫的英雄主义体现在有形的外部世界中。

罗兰起初将这部小说称为"冥想小说"，并有意借用法国作家拉·博埃西的书名《与一人为敌》，而将之定名为《一人反对众人》。后来怕引起误会，又将之更换为现在这个书名。在这里，罗兰想用主人公的艺术气质来唤醒早已被人们遗忘的 16 世纪法国旧道德学家、斯多葛派的传统与思想，他们曾经试图在战争的狂热中，在被围困的巴黎，用柏拉图式的对话来寻求清醒的灵魂。在这里，高尚的精神是不会同野蛮的原始力量抗争的，所以本书的主题并不是战争，而是伴随战争而来的精神现象。

在罗兰眼里，这种精神现象与千百万人的死亡一样，都是悲剧。它是被洪流般的群体精神淹没的自由的个体灵魂的灭亡。罗兰指出，自由的灵魂要想不受随大流的天性的影响，要想摆脱群众那推翻一切和无理霸道的思想及谎言的奴役，需要付出多大的努力与代价。他希望人们能够意识到，在这个集体疯狂的时代，那些看似简单的事情恰恰是最难做到的：保持自我，不要做世界、祖国或组织要求的整齐划一、失去自我的工具。

在这部作品中，作者有意没让主人公披上英雄主义的外衣。阿热诺·格莱昂波是一位诗人，他平凡、诚实、安静。他的作品因优美的文风而备受世人喜爱，不过他从未奢望过要流芳千古。他的理想主义与众人一样模糊不清，他歌颂人类永恒的和平，他在自己善良本性的引导下坚信善意的天性，这种天性会友好地对待人类，并会用其温柔的双手将人类引向美好的未来。他生活惬意、无忧，有善良的妻子与一对儿女的陪伴，因而他赞美生命，就像追随荣誉军团的古希腊诗人忒奥克利托斯一样，歌颂着我们古老世界美好的现实，以及更加美好的未来。

突然，战争爆发的消息如一道闪电击中了宁静的乡村小屋，格莱昂波应征入伍，并赶往巴黎。他一触及爱国主义的热潮，一切有关民族间永恒友爱的理想便消失殆尽了。回来后，他已然成了一个狂热分子，满脑子的仇恨，满嘴的空话。在时代的暴风雨中，他从以前的忒奥克利斯托变成了战争诗人品达。

在罗兰的叙述中，我们可以感觉到，这个平凡的人将可怕的现实看作是一件幸福的事。他热血沸腾，仿佛回到了年轻时代。民众的狂热情绪激发起了他心中隐匿的激情。他感到自己正随着民族主义的巨浪，与时代一同前行。因为他的战争歌曲深刻地表达出了人民大众的心声，而成为民族的财富，接踵而来的掌声与荣誉使他应接不暇。在那些日子里，他也与普通民众一样为自己的文学成就而兴奋不已。在这千百万人献出自己生命的时刻，他却从内心深处感到了无比的舒畅、真实、富有活力。

他为儿子马克西姆的积极参军、奔赴战场而自豪不已，这使他的生活充满了更多的乐趣。数月后，当儿子从前线归来，他兴奋地为其朗诵自己的战争诗歌时，儿子却将眼神转向别处，一声不吭。他没有反对父亲的颂歌是为了不让父亲伤心。在接下来的几天里，两人始终保持沉默。父亲努力想弄清楚到底是怎么回事，但毫无结果。他感到儿子肯定有什么事情在瞒着他。但两人一直都不好意思开口。直到假期的最后一天，儿子终于鼓足勇气对父亲说："爸爸，你真的认为……"话到嘴边，却又咽了下去。他就这样默默返回了战场。

几天之后，新的进攻开始，有消息说马克西姆"失踪"了。父亲很快就知道，儿子阵亡了。他突然明白了儿子未说完的话的含义，这使他陷入深深的痛苦之中。他将自己独自关起来，第一次和自己的良心对话。他开始自问什么是真理，在那漫漫长夜中，他与自己的灵魂一起走在通往真理的荆棘之路上。谎言已经将他层层围住，他需要一层层地将它们剥去，直到赤裸裸地站在自己面前。偏见也已渗入他的内心，他只能忍受着痛苦来摆脱祖国与民族的一切偏见。最后，他认识到：只有生命是真实而神圣的。过去的那个他已渐渐消失，黎明时分，他已经变成了另外一个人。他的疾病被治好了。

此后，真正的悲剧开始了，那是一场在罗兰眼中与生命一样重要的斗争，即一个人为获得只属于他自己的真理而进行的斗争。格莱昂波已摆脱了时代强加到自己身上的东西，但这只是认识真理的第一步。倘若有谁认识真理，但却将之隐瞒，那比无意识地迷失自己的人罪过更大。正如一尊大佛那样，虽然了解世界的疯狂，但却双唇紧闭、目光无神，听凭人类随性所为，这样做是不对的。在沉思中，格莱昂波想起了另一个印度圣人，这个圣人曾发誓，在他隐退之前一定要使世界与人类脱离苦海。在他准备去帮助人类的那一刻起，他与人类之间的战争打响了。

于是，格莱昂波突然变成了"反对众人的一人"。他从一个意志消沉、缺乏信心的人变成了一个意志坚定、勇气十足的人。他是一个比约翰·克利斯朵夫更孤独的人，因为克利斯朵夫除了有音乐相伴之外，还有在狂热的创作中出现的天才的意志与力量同行。而没有天才的格莱昂波只有自己，朋友们离他而去，亲人们不理解他，社会对他的诽谤如潮水一般涌来。整个人类都在反对他，因为他想摆脱他们疯狂的影响。他竭力捍卫的是他无形的事业，那就是他的信仰。他越向前走，就越孤独，民众对他的仇恨也就越强烈。最终，他不得不为自己的信仰付出了生命的代价。

这部"自由良心的历史"给人的印象似乎是一部时代小说，是一次对战争的清算。其实与《约翰·克利斯朵夫》一样，它的含义远远胜过表面所看到的一切，这是一场斗争，但远不是赞成或反对生命中某一事物的斗争，而是一场关乎整个生命的斗争。这是一次对世界的清算，还没有哪位艺术家进行过这样彻底的清算。这里没有约翰·克利斯朵夫天真狂热的信仰，有的只是炽热的情感被淡化后的悲哀的智慧。约翰·克利斯朵夫曾高呼："生命就是一场悲剧！万岁！"而这里却没有振奋人心的、狂热的呼喊声。但是认识变得更具激情，也更纯洁、更明确、更理智了。

因为战争仍在继续，罗兰对人类与群体的信念已完全动摇。虽然他始终坚持着对生活的信念，但那已不再是对人类的信念。罗兰意识到，人类甘愿受骗，他们假装渴望自由，实际是想摆脱一切道义上的责任，以在群体虚幻的谎言里做一个安逸的囚徒。罗兰清楚，在群众眼里，使他们精神振奋的谎言远比使他们静下心来思考的真理更宝贵。格莱昂波表达了他对命运的无奈与妥协："我们无法拯救人类，只能热爱人类。"他对"易受误导的"群众的信任逐渐转变为对人类深切的同情。

这位永恒的信仰者再一次（已经不知有多少次了）将自己的激情转向那些为人类而生、为人类而死的伟大的孤独者身上，转向那些超越时间与民族的英雄们身上。罗兰曾在《贝多芬》、《米开朗琪罗》，以及稍后的《约翰·克利斯朵夫》中呈现过的思想，现在在格莱昂波身上被升华为最凄美的形式。罗兰指出，当这位主人公被内心深处的真理唤醒时，他会一心一意地为全人类服务，而成为"反对众人的一人"。长期以来，似乎没有哪部作品能够如此完美地体现作者永恒的理想主义。

为了热爱人类，就必须有真正的人的形象，同时，为了相信为生活而进行的战争是有意义的、是美的，就需要有英雄。因此罗兰除了创造了这个最崇高的形象，一个为自己的信念而献身的人的形象之外，还塑造了世俗的战士形象。这部悲剧产生于普通的市民世界，产生于一个平凡的人，正是由于这个原因，这部悲剧小说才具有了如此惊人的道德力量。他安慰人们说，包括天才与普通人在内的所有的人，只要能坚定自己的意志，保持自己的自由与真诚，就能够强于自己的敌对世界。罗兰凭借自由与正直这两种最基本的力量影响着他的时代。在罗兰笔下的格莱昂波身上，我们也看到了世界与死神都无法摧毁的道德力量。

最后的呼吁

五年来，罗兰始终与本时代的疯狂行为做着顽强的斗争。终于，饱受苦难的欧洲挣脱了捆绑着它的锁链，战争结束了，并签订了停战协定。但是这种胜利是不能让人安心的，因为虽然人们停止了相互残杀，但他们的仇恨却并未消除。

罗兰在其作品中经常表现出对胜利者的不信任。他曾说："无私的人类理想坚决反对武装力量夺取的胜利，在胜利中保持高尚的精神实在是太难了。"这些话后来都得到了证实。人们早已忘却"自由和正义的胜利"，凡尔赛会议带来了新的暴力与压迫。或许单纯的理想主义看到的是一切战争的结束，但从思想而不是人类的角度出发的真正的理想主义看到的却是新的仇恨和暴力。

当时，由于美国总统伍罗德·威尔逊被人们看作是理想主义的最后代表、绝对正义的代言人。因此，在这一关键时刻，罗兰向这位受到千百万群众热情欢迎的人发出了呼吁。作为历史学家的罗兰清楚地知道，"世界史终究是一连串证据，它证明胜利者总是骄傲自大，因而播下了新的战争的种子"。

罗兰感到，在经历了这样一场世界性的灾难之后，这个时代比任何时候都更需要以道德的、建设性的政策，来代替军事的、破坏性的政策。这位曾经想使战争从仇恨的深渊中解放出来的世界公民，如今又在为世界的和平奔忙着。

这位欧洲人向那位美国人呼喊道："总统先生，在所有掌握着各民族命运的人中，只有您掌握着普遍的道德权利。大家都将希望寄托在您身上，请您不要让大家失望！请您将人们已经伸出的手团结在一起吧……如果您不做这个媒介，人民群众就无法被联合起来，并因缺少平衡力量而走向极端，各民族与政党也将陷于血腥的混乱……您是华盛顿与亚伯拉罕·林肯的后代，您掌握的并不是一个民族的命运，而是所有民族的命运。请您召集一切民族的代表，参加一次人类大会。崇高的道德责任和强大美国的伟大未来赋予了您权威，请您运用这全部权威来引导这次会议。请您向全人类发出呼吁吧！这个世界渴望听到一个超越民族与阶级界限的声音……未来会因您对和平所做的努力向您致意。"

罗兰这次对未来预见性的呼吁又一次淹没在仇恨的怒吼中。"俾斯麦主义"取得了胜利，悲剧性的预言得到了验证。世界的和平也变得像战争一样毫无人性。人道在人群中找不到栖身之所。欧洲精神的复苏本应开始，但以往那灾难性的思想仍在回荡："没有胜利者，只有失败者。"

精神自由宣言

尽管经历了各种失败，但这个不屈不挠的人仍然向集体精神这一最高法庭发出呼吁。在和平协议签署的那天，罗兰在《人道报》上发表了一篇宣言。罗兰亲自起草了这份宣言，世界各国的志同道合者在上面签了名。这份宣言将是濒临崩溃的世界中那座无形庙堂的第一块基石，将是一切饱尝痛苦之人的避难所。

在宣言中，罗兰再次回顾历史，并用历史警告未来："军队、检查机构、民族间的仇恨在这五年来使我们从事思想活动的战友们四分五裂。如今，壁垒已消除，边界已重新开放，我们这些孤独者们呼吁恢复我们过去的兄弟联盟，不过这个新联盟应该更牢固、更具抵抗力。"

"战争带给我们队伍的是混乱。几乎所有的知识分子都以自己的科学技术、艺术和思想为当权者服务。我们不会去抱怨，也不想去斥责。我们清楚，当面对强大的群众运动时，个人毫无反抗之力，因为即使他想要反抗，其软弱的灵魂却早已被大众思想的洪流淹没。但愿我们能从这历史中吸取经验教训。"

"所以，我们可以回忆一下当时的情景，那时世界各地的知识分子已完全屈从于各种野蛮势力。思想家与艺术家们在熊熊燃烧的仇恨之火上不断添油加柴。他们竭尽所能地为仇恨搜寻历史、科学、艺术等方面的更多、更新的理由。这些曾经的思想的代言人在竭力摧毁人们之间的相互理解与友爱的关系。他们把思想变成了煽动疯狂情绪的工具，以及为某个政党、某个阶级或国家服务的工具。现在，所有参加过战争的民族，不管是胜利还是失败，都在为自己当时的疯狂行为感到羞愧。同时，那些思想家们，以及他们的思想也似乎不复存在了。"

"行动起来吧！让我们将思想从卑鄙的妥协、把人类拉入深渊的镣铐与秘密的奴役中解放出来！思想不应成为任何人的奴隶，我们必须为思想服务。我们的责任便是高举思想的旗帜，努力将迷途的人集合在它周围，让人们紧随它指引的方向前进。在这喧嚣的世界中，我们既不想选择傲慢，也不想选择蔑视。我们只想为没有国家界限、没有民族偏见、没有阶级特权的自由真理服务。当然，我们热爱人类，我们为作为整体的人类服务。我们心中只有一个统一的民族，而不存在某一个别的民族。这个统一的民族总是在荆棘的道路上艰难前行，这是我们所有人共同的民族。当今，我们的任务就是要在盲目的战争之上建造起一座桥梁，即统一而多样的自由思想。"

此后，千百万人将这一宣言看作是自己的财富，世界各国的杰出人物都接受了这一誓言。无形的欧洲思想共和国，这个所有人共同的祖国，已在各民族中建立了起来。它的边界为每一个愿意前来居住的人开放，它唯一的法律便是兄弟友爱，而唯一的敌人便是民族仇恨和傲慢。倘若谁能将这无形的王国看作自己的祖国，那他就是世界公民。他不再是某一民族的子孙，而是历史与未来的一切语言、民族和国家的继承人。

尾 声

罗兰的生命充满了神秘色彩，他不断地在惊涛骇浪中起来与自己的时代作战，又不断地跌入失望的深渊，但每一次的失望总会使其信念更加坚定。他一次又一次成为时代伟大的战败者，他的思想、愿望、梦想，没有一个成为现实。暴力又一次战胜了理性，大众又一次战胜了人性。

而正是在战争年代，他的斗争才如此伟大，他的存在才如此重要，因为他神圣使徒的使命拯救了被钉上十字架的欧洲福音书。他被看作是本民族与一切民族的精神领袖和道德代言人。我们曾因无人站出来公开反对疯狂的屠杀和仇恨，而羞愧万分。只有这位作家使我们摆脱了这种耻辱。我们感激他，因为友谊的神圣火焰没有在疯狂的历史风暴中熄灭。

思想的世界不接受令人怀疑的数字概念，它有自己的度量标准，一人反对众人要比众人反对一人更有分量。这位孤独者心中散发着前所未有的纯净的光辉，从他身上，我们再一次在黑暗的时刻意识到：一个纯粹的伟人能始终挽救众人对人类的信仰。

补 遗
（1919～1925）

为同时代的人作传的作家，最希望看到的是立传对象以其新的转变和成就超越他以往的著作。因此在初版六年之后，这部传记就有必要进行再版，将其更新至最近一个时期。但我认为将其进行修订还为时尚早，这并不是由于我的懒惰，而是每个人的生活都有其内在的结构，一部真实的传记应当以适当的压缩比例再现这种结构，但每次必须寻找新的重心。

如果说一个艺术家的生命如罗兰一般以不断扩大的同心圆的形式发展，那么耐心的等待是必要的，因为等到这个圆填满全部空间之时，便是其精神世界发展成熟之日。

现在，罗兰正处于不断超越自身的创作时刻，如果急于评价他目前只公布的一部分计划，那就如同《约翰·克利斯朵夫》当初只完成了第三卷或第四卷，便立即去评价这部世界性著作的内容与意图一样，这种做法过于轻率。如今基础已经打好，所以应该耐心等待，正如古老的建筑习俗一样，飘扬着的花冠一定要挂在彻底完工的屋脊上。

因此，这个增补只准备按时间的顺序对罗兰新添的作品做一概述。我们知道，随着时代的改变，旧的开始会产生新的动力，而这种新的变化又会给时代以新的解释。

无论对无意识地相信理性在战争中起着积极作用的人而言，还是对罗兰而言，战争的结束带来的是极度的失望。以威尔逊为代表的美国和以可疑政客与知识分子为代表的欧洲都背弃了承诺。俄国的十月革命正如美好的曙光一闪而过，紧接着它便成了火焰般的飓风，而备受折磨的欧洲却只剩下疲惫的一代。

但是，罗兰身上有着永恒的秘密，那便是他总会从失望中创造出新的形象，这些人物形象的行动、事业和名字总会为人们带来新的意志与希望的力量。他曾经在最痛苦的日子里创造了坚强的斗士贝多芬的形象，又在纷争不断的日子里，带给世界两个民族的兄弟，约翰·克利斯朵夫和奥利维。现在，在这道德沦丧、物质匮乏、精神消沉的日子里，罗兰又在以往贝多芬、米开朗琪罗、托尔斯泰的英雄队伍中，加进了一个新的名字，那是一个与我们生活在同一个时代的、活生生的、给我们以慰藉的人，他便是圣雄甘地。

在此之前，欧洲还没有人听说过这个名字，或知道这个瘦小的印度律师。他是一个比世界大战中的一切统帅更勇敢的人，为解决世界历史问题，他独自一人同世界上最强大的国家进行斗争。我们欧洲的那些作家与政治家都一样地短视，他们始终关注着附近的边界，总是将本民族的命运与整个欧洲和世界的命运混为一谈。而罗兰的功绩在于其最先将圣雄甘地的道德成就看作是世界最重要的道德问题。现在，终于实现了他多年来梦想的人类存在的最高形式：非暴力斗争。

如果说罗兰是一个软弱、妥协、佛教徒式的"和平主义者"，是对主动进攻力量的压迫与冲击漠然处之之人，那可就是歪曲事实、颠倒是非了。与之恰恰相反，罗兰最称颂的便是主动地为正确而根本的生命理想进行积极的斗争。在他眼中，只有大规模的战争、军队的野蛮行为、盲目服从、思想行动的随波逐流，才是对自由犯下的可怕罪行。

现在，在欧洲两千万人相互屠杀一年之后，圣雄甘地及其三亿人民采取了新的反抗形式，这种形式同样有效、同样团结，但是与西方各国用步枪解决问题的方式相比，这种反抗形式在道德上要纯洁得多，不过对个人而言却要危险得多。圣雄甘地主张的战争是"一场不流血的战争，一场没有暴力的战争，更重要的是一场没有谎言的战争"。它只有一种武器，那就是"不抵抗"，这也是托尔斯泰所说的"英雄般的被动"，以及美国作家梭罗所主张的"不合作"，即拒绝参与英国的国家事务和联盟事务。

这里的不同点在于，托尔斯泰根据基督教要求每个人都遭受苦难的精神，来说服人们去经历磨难（一般来讲是毫无意义的），而甘地则把三亿人的消极化为行动，并将之汇集在一起去进行反抗，这种情况还从未出现在任何一个民族的政治道路上。

当然，当领袖要将自己的思想化为行动时，困难便会随之而来，罗兰的这部作品描述的是一位没有参加战斗的英雄，他必须压制住自己队伍中那些在每场战争中出现的趁乱抢劫的士兵，他必须不带任何仇恨，但却坚强勇猛；他必须放弃暴力，但却敌我分明；他必须抛弃谎言，但却讲求策略。这样，当他第一个被关进监狱时，便成为自己思想的精神殉道者。

在罗兰艺术性的真实描述中，甘地的行为成了我们当代最美的战争篇章，成了欧洲文明的一个鲜活的榜样。他用切身的经历告诉我们，只凭借道德手段，而不用大炮、撒谎骗人的报纸和阴险的挑拨这些可怕的战争机器，也能实现革命。罗兰，这位欧洲文化的代表，平生第一次向亚洲思想、向一位素不相识的异国领袖表示敬意。这一举动的确具有历史意义。

因此，在罗兰的名人传记中，这部成书最晚的作品却是最重要的一部。罗兰其他的传记只是为某些人与艺术家树立了榜样，而甘地的壮举却是为各民族与文明树立了榜样。在《约翰·克利斯朵夫》中，罗兰只呼吁欧洲结成必要的联盟，而《甘地》却远远超出了欧洲的范围，它不再谈关于民族和解的模糊理论，但明确指出，历史始终只能由一个有信仰的天才来完成。

最高阶段的思想会成为永远的宗教，最完美的人会成为永远的英雄。罗兰让我们从这位来自遥远东方的见证人身上看到了人类尚未消失的能力。于是，现实变成了史诗，而英雄传奇又变成了现实。这样，罗兰先前那个《英雄传记》系列又意外地与现实结合。接着，他以发展的眼光和满腔热情重拾曾经的《革命戏剧》计划，那个因当时时代的冷漠而中途中断的计划。

时代对罗兰也起了推动作用。罗兰的革命戏剧在这 20 年间似乎已被埋葬。法国舞台从未见过它们的影子。而一些曾经想将它们搬上舞台的国外剧院，有的是由于贪慕文学的虚荣，希望在舞台上呈现《约翰·克利斯朵夫》作者的思想，有的则是由于《丹东》为导演带来了出人意料的机会。但在和平年代，想要理解这些剧作的实质是有些困难的。

例如《群狼》中真理与祖国哪个更重要的道德上的冲突，以及丹东与罗伯斯庇尔之间生死攸关的争论，这对 1913 年那个只关注经济与艺术的世界来说毫无用处。对这个世界来说，它们只是一些历史剧，是有关辩证法的思想游戏。而对它们的这种界定将会持续下去，直至属于它们的时代到来，它们才会成为现实的剧作，同时还会被揭示出其中隐含的预言成分。

当然，这样的时刻肯定会来到，那时，一切个人与民族间的道德冲突将再次出现，这些剧本中的每一个人、每一句话都能在现实中找到原型。一切革命与变革，虽然有不同的目标、不同的形式，但所走的道路却是相同的。起先是缓慢地发展，接着在群众的大力推动下，一批领军人物逐渐凸显出来，在纯洁的理想与现实之间制造矛盾和冲突。现代的事变以这种方式重复着罗兰的剧本内容，同时又激发罗兰继续他未完成的计划。罗兰曾在一个序言中将革命同狂风、暴雨这些自然现象做比较。现在，他发现这样一场来自东方的暴风雨正在自发地向欧洲蔓延。

罗兰重新开始后的第一部作品是《死亡和爱情的游戏》，从纯戏剧与艺术的角度来看，这是罗兰最完美的一部作品。这部戏剧只有一幕，剧情发展迅速，冲突不断，高潮迭起，其中不乏历史与自由虚拟的结合。

剧中的佛洛梅·德·库夫西埃身上既具有法国的天才化学家拉瓦锡的特点，又具有另一位伟大的革命烈士孔多塞的崇高精神。在他的妻子身上既可以看到拉瓦锡夫人的影子，又可以看到卢伟那英勇情妇的影子。而卡尔诺的形象则来源于真实的历史，与一个逃亡的吉伦特党人的经历毫无二致。

但剧本对思想状态的描写是最真实的，那是有文化、有道德的人对鲜血的极度的恐惧，对野蛮卑鄙的人类兽性的恐惧，但在这些人的思想中又要求要有流血，每一次革命又需要那些充满野蛮兽性的人去冲锋陷阵，而每次进攻的血腥迷雾又会让他们沉醉其中，最终使自己的理想消亡。

这里描述了各种恐惧，年轻人害怕自己会失去生命，害怕无法承受某种处境，在恐惧中，肉体与灵魂不再属于个人，而受控于无形的黑暗势力，这是我们千百万欧洲人在几年间亲身经历过的让灵魂震惊却束手无策的一切。而在这种斗争之上，还存在各个时代所共有的永恒的斗争，那是爱与责任之间、义务与高度诚实之间的斗争。

作为一个戏剧家，罗兰的风格从未像在这部剧作中体现的那样精确、透彻。这里的描述紧凑、简明、流畅。有时由于诗意的凝练与悲哀旋律的错落有致，这个剧本像是一首叙事诗。这一系列的剧本在经受了舞台的直接考验后，作家本人和我们都渴望看到那幅还剩一半的雄伟壁画的最后完工。如今，在新的时代，那些在大师手中沉寂了 25 年之久的草图，又被涂上了这一时期的色彩。我们相信，短短的几年之后，这个内容丰富、思想大胆的戏剧集必将与我们见面。

这样，罗兰创造生涯中早已放弃的两个系列作品，现在又得以恢复与继续。这位精力充沛的作家，总是结束一项工作，立即又着手另一项工作，这便是他的休息。现在他又开始了《欣悦的灵魂》（即《母与子》）的创作，它与《约翰·克利斯朵夫》遥相呼应。从历史的角度来看，德国音乐家约翰·克利斯朵夫在战前已经死去，他只属于过去。

喜欢将自己称为"时代的生物学家"的罗兰认为，如今这部作品的题材与人物必须从我们这个时代，而不是父辈们的时代选取，创作对现实有意义的作品是自己的职责。罗兰在自己的新作中利用另一种矛盾创造了新的对立面。

在《约翰·克利斯朵夫》中，约翰·克利斯朵夫与奥利维这些男人们是斗士，而女人只能是痛苦的忍受者、帮助与安慰他人者，她们经常还会惊慌失措。不过，这一次罗兰准备通过一个胜利的女性形象来展现自由人，一个在与世界、时代和周围的人的斗争中，坚定不移地捍卫自我、自己的个性与信仰的人。

诚然，女性与男性争取自由的斗争必定不同：男人保卫的是自己的事业或信仰，思想或理想；女人保卫的则是自身、自己的生命、灵魂、情感，也许还有自己的孩子，她们需要反抗的是无形的世俗和精神力量、感性世界、道德习俗、法律规范、无政府主义，以及阻碍女性在文明、道德与基督教中自由发展的一切限制。罗兰全身心地描述了一个朴实、无名的女性，她为捍卫自己的人格而进行着伟大的斗争。

与罗兰以往的作品一样，这部也是依照音乐的结构而完成的。作品的第一卷《安乃德和西尔薇》是这部宏大交响曲的前奏，是一个不时出现轻快诙谐曲的柔和的平调曲。不过到最后的几章却已隐隐流动着激昂的情绪。

剧中的安乃德是一个善良淳朴的富家小姐，父亲去世之后，她得知父亲还有一个私生女，生活贫困。出于天生的正义感，当然也由于本能的好奇心的驱使，她决定去寻找自己同父异母的妹妹。她的这一举动已经打破了第一道无形的屏障。

这个一直受到保护的姑娘在妹妹希尔薇身上第一次见到了自由思想，其表现形式虽然算不上是最高尚的，但却是自然的。在下层阶级中，妇女可以自由安排自己的生活，可以不受来自任何外界或内心的压力而委身于自己的情人。因此，当她所爱的一个富家子弟请求她嫁给他时，她那渴望自由的本能突然觉醒了，她不愿意接受婚姻所带来的僵死的生活方式，也不愿意屈从于他人的意志，她告诉他说："或许我生活中的最大愿望与最高的追求还无法明确表达，因为它们还比较模糊，也过于广泛。"她要求能保留一点自己的私人空间，不要迫使她完全融于共同的婚后生活。

这个要求不禁让人想到歌德的一封信中那句精彩的话："我的心是一座开放的城市，每个人都可以自由进入，但在某个角落有一座封闭的城堡，任何人都无权进入。"

安乃德希望守卫住这个城堡，这个只属于自己的空间，以便追求更高意义上的爱情。但她的未婚夫却只是一个地道的市民阶级，他无法理解她的要求，以为她不爱他，于是他解除了婚约。

但此后，安乃德以其勇敢的行动向他表明，虽然她不能将自己的全部灵魂献于自己心爱的男子，但却愿意将自己的整个肉体奉献给他。她委身于他，然后转身离去，只留下他茫然无措。这就是普通人的悲剧，因为他无法理解什么叫伟大，无法理解英雄与唯一的含义。就这样，安乃德跨出了最勇敢的一步，她放弃了安全有保障的安逸世界，孤独地踏上了人生之路，不过更确切地说，她并非独自一人，由于那次的献身，她有了一个孩子，一个私生子，她不得不同他一起投入斗争。

作品的第二卷《夏》更进一步描述了这场悲剧性的斗争。安乃德被社会抛弃，失去了全部财产。她不得不为了自己的孩子，为了自己同孩子一样宝贵的骄傲与自由拼尽全力进行斗争。这位自由的女性经历了各种考验与诱惑。她必须抚养自己那迅速成长、同样也具有自由本能的孩子。虽然这一卷还没有明确指出这条生活之路将通往何方，虽然它还只能算是正在不断发展的悲剧的前奏与序曲，但是从该卷的结尾处那已然爆发的战争即将引发的熊熊大火，可以猜测，这个灵魂还将经历怎样的火的洗礼，才能走向光明。

当然，只有等这部作品全部写完后，我们才有可能就其篇幅、形式、思想内容同另一部史诗《约翰·克利斯朵夫》做一比较。

对罗兰的生活越是进行经常性的、细心的观察，就越会惊叹于其不同寻常的生活的丰富。我在这里只是粗略地谈到了这位作家最近六年来出版的一些作品，我们应该永远记得，罗兰在从事其作品创作的时候，还要进行那些忘我的、救助他人的活动，并花费大量的时间与精力撰写书信、宣言和文章，同时还要用研究、授课、旅行和音乐不断地充实自己。

因此，这里所列举的已出版的作品并不能涵盖他艺术创作的全部，当他在进行创作的时候，将自己的思想成果收集起来，汇成了一本剖析自己思想的著作《内心旅程》，但目前还不打算出版，他的行动，不管采取了哪种形式，永远要比其外在的表现伟大得多。

今天，是这位伟人年满60岁之日，我们却看到他比一切年轻人更充满活力、更发奋向前。他热爱自己的事业、愿意接受一切新鲜的事物，并愿意参加一切社会活动。他虽然在许多方面是我们学习的典范和榜样，但当有任务落到他的肩头时，他依然认真地去完成，依然是思想的领袖、心灵的雕塑家、各种信仰的保护人。

在罗兰60岁诞辰之际，千言万语难以表达我们的感激之情，让我们衷心祝愿他，为青年做出榜样、为人类提供慰藉、为自己和我们所有的人永葆英勇战斗的常胜力量，并不断超越自我。